Annette Neubauer
Meine große Kinderbibel

Annette Neubauer

Meine große Kinderbibel

Illustriert von Daniela Chudzinski

ISBN 978-3-7855-8492-7
1. Auflage 2017
© Loewe Verlag GmbH, Bindlach 2017
Nacherzählung von Annette Neubauer
Illustrationen von Daniela Chudzinski
Vorwort: Dr. Ingrid Wiedenroth-Gabler
Umschlaggestaltung: Ramona Karl
Redaktion: Mareike Schlensog
Printed in Poland

www.loewe-verlag.de

Inhalt

Vorwort 13

Altes Testament
Die Erschaffung der Welt 17
Das Paradies 19
Die Schlange 20
Kain und Abel 23
Die Sintflut 25
Der Auszug aus der Arche 28
Der Turmbau von Babel 29
Abraham wird von Gott gerufen 31
Abraham und Sara werden Kinder versprochen 32
Die Zwillinge Esau und Jakob 35
Jakob überlistet Esau 37
Jakob hat einen Traum 40
Jakob heiratet 41
Jakobs Heimkehr 43
Josefs Träume 44
Josef wird von seinen Brüdern in den Brunnen geworfen 45
Josef in Ägypten 47
Josef im Gefängnis 49
Die Träume des Pharaos 51
Die Brüder Josefs 53
Rückkehr der Brüder zu ihrem Vater 55
Josefs Becher im Sack Benjamins 57
Moses flieht aus Ägypten 59
Der brennende Dornbusch 60
Moses kehrt nach Ägypten zurück 61
Der Weg durch die Wüste 63
Die Zehn Gebote 64

Der Tanz um das goldene Kalb 65
Die Truhe 67
Rut findet eine Heimat 68
David und Goliath 71
Das Hirtenlied von König David 74
Davids Sohn wird König 75
Daniel in der Löwengrube 76
Jona will vor Gott fliehen 78
Jonas Rettung 80
Jona ist unzufrieden 81

Neues Testament
Maria und der Engel 85
Die Geburt von Jesus 86
Die Frohe Botschaft 88
Die Weisen aus dem Morgenland 90
Die Flucht nach Ägypten und die Rückkehr nach Israel 92
Jesus ist zwölf Jahre alt 94
Jesus wird getauft 96
Jesus in der Wüste 97
Jesus und die ersten Jünger 99
Jesus heilt einen Gelähmten 100
Die Hochzeit in Kana 102
Die Bergpredigt 104
Die Geschichte vom Sämann 106
Jesus heilt einen Knecht 108
Die Heilung des Blinden 109
Jesus spricht mit Wind und Wellen 110
Jesus vermehrt Brot und Fische 111
Jesus geht über das Wasser 112
Jesus und die Kinder 113
Der barmherzige Samariter 114
Der gute Hirte 116
Das verlorene Schaf 117

Der verlorene Sohn	118
Arbeiter im Weinberg	120
Zachäus	122
Dem anderen helfen	124
Jesus erweckt einen Toten	126
Jesus wird gesalbt	128
Der Einzug in Jerusalem	129
Jesus vertreibt die Händler im Tempel	131
Das letzte Abendmahl	132
Jesus wird gefangen genommen	135
Bevor der Hahn kräht	136
Jesus bei Pontius Pilatus	137
Die Kreuzigung	139
Die Auferstehung	142
Auf dem Weg nach Emmaus	143
Jesus vergibt Petrus	145
Jesus erscheint allen Jüngern	147
Der Heilige Geist	148
Petrus wird befreit	149
Stephan	151
Saulus	152
Ein Mann aus Afrika wird getauft	154

Vorwort

Die Bibel ist nicht nur ein Buch, sondern ein Schatz von vielen Büchern. Sie ist sehr alt, schon vor mehr als 3000 Jahren haben die Menschen gefragt: Warum sind wir auf der Welt? Warum gibt es Streit und Leid? Und was hat Gott mit unserer Welt zu tun und worin können wir ihn erkennen?

Viele sagen, dass die Bibel Gottes Wort enthält. Das klingt sehr geheimnisvoll, aber offenbar haben sich immer wieder Menschen von Gott angesprochen gefühlt und erfahren: Gott begleitet mich. Das hat sie bewegt, nachdenklich gemacht, begeistert. Sie haben es weitererzählt und später aufgeschrieben, damit ihre Erlebnisse nicht verloren gehen.

Die Bibel besteht aus zwei Teilen, dem Alten und dem Neuen Testament. Im ersten Teil der Bibel finden wir Erzählungen, die über den Anfang und den Sinn des Lebens nachdenken. Sie erzählen davon, wie Menschen die Begleitung Gottes auf spannenden, manchmal schwierigen Wegen erfahren haben.

Der zweite Teil, das Neue Testament, erzählt von Jesus Christus. Christen glauben, dass er nicht nur von Gott gesprochen hat, sondern dass Jesus Christus der Sohn Gottes ist, durch den der unsichtbare Gott sich gezeigt und gehandelt hat. Das ist wie ein Wunder, die Geschichten von Jesus sind darum wunderbare Geschichten: Gott meint es gut mit den Menschen, sie können darauf hoffen, dass Leid und Tod überwunden werden können.

Die Bibel ist eine Schatzkiste, die immer wieder neu geöffnet werden kann. Manche Texte sind leicht zu verstehen, andere sind schwieriger und müssen immer wieder gelesen werden. Einige bleiben geheimnisvoll. Aber alle „wollen" erzählt, gelesen, gehört werden. Damit die Menschen immer wieder neu erfahren können, dass Gott zu ihnen spricht. Die schönsten und wichtigsten Erzählungen sind in dieser Kinderbibel aufgeschrieben. Alle Leserinnen und Leser, große wie kleine, sind eingeladen, auf Schatzsuche zu gehen.

Gemeinsam können wir den Geheimnissen nachspüren, wenn wir fragen: Was erzählt die Geschichte oder das Gebet von Gott? Warum haben die Menschen das damals aufgeschrieben? Wie können wir heute diesen „Schatz" verstehen? Welche Bedeutung kann die Geschichte für unser Leben haben?

Dr. Ingrid Wiedenroth-Gabler
Religionspädagogin

Altes Testament

Die Erschaffung der Welt

(Genesis 1–2)

Am Anfang gab es nichts. Es gab kein Licht und keine Dunkelheit, kein Feuer und keinen Wind, kein Wasser und keine Erde. Das können wir Menschen uns überhaupt nicht vorstellen! Dann sagte Gott: „Es werde Licht!" Und es wurde hell. Gott gefiel das. Und wo Licht ist, ist auch Dunkelheit. So gab es den hellen Tag und die dunkle Nacht. Es wurde Morgen und es wurde Abend.

Nachdem Gott den Tag und die Nacht erschaffen hatte, erschuf er den Himmel, dann das Meer und die Welt.

Zuerst war die Erde trocken und grau. Da ließ Gott die Gräser, die Bäume und die Früchte wachsen. Aus ihren Samen konnten wieder neue Gräser, Bäume und Früchte entstehen.

Nun schaute Gott zum Himmel, der dunkel über der Erde lag. Doch nach jeder Dunkelheit soll immer ein wenig Licht sein. Also schuf Gott die Sonne und den Mond. Und weil der Mond nicht so hell strahlt wie die Sonne, ließ er um ihn herum die Sterne funkeln. Nun leuchtet die Sonne am Tag und der Mond und die Sterne funkeln in der Nacht.

Die riesigen Meere waren aber noch leer. Deswegen schuf Gott die Fische, die Kraken, die Delfine, die Wale und alle winzigen und riesigen Lebewesen im Wasser. Damit auch der Himmel lebendig wurde, ließ er die Vögel durch die Wolken fliegen, die Bienen in der Luft summen und die Schmetterlinge flattern.

Auch der Erde schenkte Gott Leben. Er weckte die Würmer und Fliegen, die Rehe und Hirsche, die Kühe und Pferde und alle Tiere auf, die wir kennen. Und er sprach zu ihnen: „Vermehret euch. Breitet euch über die ganze Erde aus."

Dann sah Gott, dass die Erde bereit für die Menschen war. Die Menschen sollten Gott ähnlich sein und sehen, wie wunderbar Himmel und Erde, Tag und Nacht, Vögel und Fische und alle Lebewesen waren. Denn Gott gefiel, was er geschaffen hatte. Deswegen schuf er Mann und Frau und schenkte ihnen sein Werk.

Nachdem Gott die Arbeit beendet hatte, ruhte er sich aus. Und weil wir Gott ähnlich sind, ruhen auch wir uns an einem Tag in der Woche aus.

Das Paradies

(Genesis 2,4b–25)

Die ersten Menschen auf der Erde hießen Adam und Eva. Sie lebten in einem wunderschönen Garten. Die Sonne schien so warm, dass Adam und Eva nackt waren und keine Kleider brauchten. Im Schatten der Bäume ruhten sich die beiden aus. Die Blumen dufteten unbeschreiblich süß und die Früchte an den Sträuchern waren unendlich saftig. In den Flüssen tummelten sich die buntesten Fische, während sich Vögel an den Ufern niederließen, um ihre Federn zu putzen und zu singen. Adam und Eva konnten essen und trinken, wann immer und so viel sie wollten. Jedem Tier, das sie sahen, gaben sie einen Namen und freuten sich mit ihm über die Fülle des Lebens. Adam und Eva lebten im Paradies. Ihnen fehlte nichts und sie waren glücklich.

Die Schlange

(Genesis 3,1–24)

In der Mitte des paradiesischen Gartens gab es einen Baum mit roten Früchten. Davon durften Adam und Eva nicht naschen. Das war die einzige Frucht, die Gott den Menschen verboten hatte. Eines Tages gingen Adam und Eva im Garten spazieren. Sie waren wie immer nackt. Denn es war wie immer sehr warm. Als sie unter dem Baum mit den roten Früchten standen, ließ sich eine Schlange vom Ast herunter. Die Schlange war das schlauste Tier, das Gott gemacht hatte. Sie sah Adam und Eva und säuselte: „Die roten Früchte sind die besten im Garten. So etwas Besonderes habt ihr noch nie gegessen. Probiert doch mal."

„Wir dürfen die roten Früchte nicht essen", antwortete Adam. „Das hat Gott uns verboten."

„So, so", zischelte die Schlange und ließ ihre Zunge zwischen den Zähnen hervorschnellen. „Ich kann mir auch denken, warum."

„Und warum?", fragte Eva erstaunt.

„Weil Gott nicht will, dass ihr so viel wisst wie er", säuselte die Schlange weiter und schaute Eva dabei tief in die Augen. „Wer die Früchte isst, erkennt nämlich, was gut und was böse ist."

Adam und Eva verstanden die Worte der Schlange nicht. Sie kannten nichts Böses auf der Welt. Sie lebten in Frieden mit den Pflanzen, den Tieren und mit sich selbst. Sie waren eins mit allem, was war. Wer sollte ihnen also Böses antun können? Aber die beiden wurden auch neugierig. Vielleicht würde das Leben spannender, wenn sie dem Bösen begegneten? Eva zögerte. Doch dann streckte sie sich nach oben, nahm eine Frucht in die Hand und pflückte sie vom Ast. Sie fühlte und roch daran. Der Apfel verströmte einen süßeren Geruch als die saftigsten Früchte des Gartens.

„Los, beiß zu!", sagte die Schlange und stieß sanft mit ihrem Köpfchen an Evas Hand.

Da biss Eva in den Apfel. Er schmeckte köstlich. „So etwas Gutes habe ich ja noch nie gegessen", seufzte sie und reichte Adam den Apfel. Der nahm ihn und biss ebenfalls kräftig hinein.

Die Schlange kicherte, als sie die beiden essen sah. Dann wand sie sich leise zischelnd den Baumstamm herunter und verschwand im hohen Gras. Adam blickte ihr noch eine Weile nach. Doch als er dann an sich herunterschaute, wurde ihm plötzlich bewusst, dass er nackt war. Im selben Moment bemerkte auch Eva, dass sie nichts anhatte. Schnell griffen die beiden nach Blättern, um ihre Körper zu bedecken. Der Baum mit den roten Früchten war der Baum der Erkenntnis. Und weil Adam und Eva von ihm gegessen hatten, wussten sie nun auch, dass sie etwas Böses getan hatten. Gott hatte ihnen doch verboten, die Äpfel zu essen, und sie hatten es trotzdem getan!

Mit schlechtem Gewissen versteckten sie sich, als sie die Schritte Gottes hörten. Doch Gott rief: „Wo bist du, Adam?"

Da antwortete Adam: „Ich habe mich versteckt, weil ich nackt bin."

„Woher weißt du, dass du nackt bist?", rief Gott. „Hast du von den Früchten gegessen, die ich verboten habe?"

„Eva hat zuerst in den Apfel gebissen und ihn mir gegeben", antwortete Adam und lugte hinter einem Baumstamm hervor. „Nur deswegen habe ich ihn gegessen."

„Und ich habe nur von dem Apfel gegessen, weil mich die Schlange dazu überredet hat", verteidigte sich Eva, die hinter einem Strauch hockte.

Da bestrafte Gott die Schlange, die bis heute auf dem Boden kriechen muss. Auch Adam und Eva bestrafte er und vertrieb sie aus dem Paradies, wo ihr Leben leicht und unendlich gewesen wäre. Aber er gab ihnen warme Kleider mit, damit sie auf ihrem Weg nicht frieren mussten.

Kain und Abel

(Genesis 4,1–16)

Adam und Eva waren nun nicht mehr im Paradies. Sie mussten schwer arbeiten. Adam bestellte das Feld und erntete, was er gesät hatte. Eva half ihm und kümmerte sich um das Haus. Nachdem sie einige Zeit zusammengelebt hatten, wurde Eva schwanger. Adam und Eva waren sehr glücklich, als ihr Sohn geboren wurde, den sie Kain nannten. Kurz darauf bekamen sie ihr zweites Kind, das sie mit dem Namen Abel riefen. Kain wurde Bauer wie sein Vater und bestellte den Acker. Abel wurde Hirte und hütete die Schafe.

Eines Tages wollte Kain Gott für die gute Ernte danken. Er sammelte Früchte von seinem Feld und machte ein Feuer. Darin verbrannte er die Früchte. Auch Abel wollte ein Opfer bringen für alles, was Gott ihm geschenkt hatte. Er suchte das schönste Lamm seiner Herde und schlachtete es. Dann machte auch er ein Feuer und verbrannte das Lamm. Der Rauch stieg in die Höhe und Gott sah, dass Abel ihm seine Dankbarkeit zeigte. Das Feuer von Kain sah er nicht. Da wurde Kain richtig wütend, weil Gott nur seinen Bruder beachtete. Er wurde so zornig und neidisch auf Abel, dass er nicht mehr arbeiten, nicht mehr essen und nicht mehr schlafen konnte. „Ich will, dass Gott mich auch so liebt wie Abel", dachte er, während er unruhig und mit gesenktem Blick hin und her ging. „Sogar meine Eltern lieben ihn mehr als mich. Dabei bin ich doch der erstgeborene Sohn."

Schließlich hielt Kain es nicht mehr aus. Er ging zu Abel und sagte: „Komm mit mir auf das Feld." Abel dachte, dass sein Bruder Hilfe mit den Schafen brauchte, und folgte ihm. Doch auf dem Feld schlug Kain seinen Bruder mit den Fäusten. Abel verteidigte sich natürlich und die beiden kämpften lange miteinander. Schließlich nahm Kain einen Stein in die Hand und erschlug Abel damit. Als Kain sah, was er getan hatte, erschrak er fürchterlich und lief davon. Doch vor Gott kann niemand davonlaufen. „Wo ist dein Bruder Abel?", rief Gott zu Kain.

„Ich weiß es nicht", antwortete Kain. „Muss ich denn auf meinen jüngeren Bruder aufpassen?"

Aber weil das Blut von Abel den Acker rot gefärbt hatte, wusste Gott, was geschehen war. Dafür bestrafte er Kain und sagte: „Auf deinem Feld werden keine Früchte mehr wachsen und du wirst keine Ruhe und keinen Schlaf mehr finden."

Kain erkannte, wie böse er sich verhalten hatte, und er verließ seine Heimat und seine Eltern und zog in ein anderes Land.

Die Sintflut

(Genesis 6,5 – 8,14)

Die Menschen auf Erden wurden immer böser. Sie logen und betrogen, sie stritten und bestahlen sich. Von allem wollten sie immer mehr haben. Doch je mehr sie besaßen, desto gieriger wurden sie. Anstatt sich zu lieben, hassten sie sich, und anstatt sich zu helfen, wünschte einer dem anderen Schlechtes. Als Gott erkannte, was aus den Menschen geworden war, wurde sein Herz schwer und er sprach zu sich: „Warum nur habe ich die Menschen erschaffen? Ich ertrage sie nicht mehr. Fort mit Männern, Frauen und Kindern! Fort auch mit dem Vieh, den Würmern und den Vögeln des Himmels!"

Doch es gab jemanden, dessen Verhalten Gott Freude bereitete. Er hieß Noah. Noah war ein gerechter Mann, der in Frieden mit sich und den anderen Menschen lebte. Er hatte drei Söhne: Sem, Ham und Jafet. Gott wollte, dass Noah mit seiner Familie weiterlebte, und er sagte zu ihm: „Die Erde ist voller Gewalt. Deswegen werde ich die Erde mit Wasser überfluten und alles Leben vernichten. Du aber, Noah, baue eine Arche, ein Boot aus Holz und überzieh es innen und außen mit Pech. Zimmere der Arche oben ein Dach. Mache an der Seite eine Tür. Die Arche soll ein unteres, mittleres und oberes Stockwerk haben. Baue sie so, wie ich es dir sage, und du und deine Familie werden während der Flut nicht ertrinken."

„Herr, ich werde tun, was du sagst", antwortete Noah, der Gott vertraute und seinen Worten glaubte.

„Mit dir schließe ich einen Bund, denn du bist ein guter Mensch", fuhr Gott fort. „Wenn du die Arche gebaut hast, bringe deine Familie hinein. Dann nimm von allen Tieren ein Männchen und ein Weibchen mit. Von jeder Art der Vögel, von jeder Art des Viehs und von jeder Art der Würmer am Boden sollen dir je zwei in die Arche folgen. So bleiben die Tiere mit dir am Leben. Lege auch einen Vorrat an, damit ihr genug zu essen habt."

Noah zweifelte nicht, sondern baute die Arche nach Gottes Vorgaben. Sieben Tage vor der Flut bestieg er mit seinen Söhnen, seiner Frau und den Frauen seiner Söhne die Arche. Danach sammelte er die Tiere ein, wie Gott ihm gesagt hatte. Alles Wild und alles Vieh, alle Würmer und alle Vögel, alles, was Flügel und Schwingen hatte, ging als Paar in die Arche hinein. Als Letzter stieg Noah auf die Arche und Gott schloss die Tür hinter ihm zu.

Dann schickte Gott riesige Wasserfluten auf die Erde. Vierzig Tage und vierzig Nächte lang öffnete er den Himmel und es regnete in Strömen. Die Flüsse traten über die Ufer und überschwemmten das Land. Aus der Erde quoll das Wasser nach oben und ertränkte die Felder, Wiesen und Wälder. Alles Leben versank in den Fluten.

Nur die Arche schwamm über dem Boden. Selbst als das Wasser die höchsten Berge bedeckte, glitt Noah mit seiner Familie und den Tieren auf den Wellen.

Nach 150 Tagen dachte Gott an Noah, an seine Familie und an die Tiere. Er ließ einen Wind über die Erde wehen. Dann schloss er den Himmel und es hörte auf zu regnen. Dennoch dauerte es viele weitere Monate, bis Noah von der Arche aus wieder die Spitzen der Berge sehen konnte. Da ließ er eine Taube fliegen. Die Taube kehrte jedoch wieder zur Arche zurück. Noah streckte seine Hand aus, um nach ihr zu greifen. Er verstand, dass sie keinen Ort gefunden hatte, den sie mit den Füßen hätte betreten können. Denn immer noch war die Erde von zu viel Wasser bedeckt und die Taube konnte nirgends landen. Noah wartete sieben Tage und schickte eine andere Taube aus. Noch am selben Abend kam sie zu ihm zurück. Wieder streckte Noah seine Hand nach ihr aus. Als er nach ihr griff, bemerkte er, dass sie etwas mit sich trug, und er rief voller Freude: „Was bringst du denn mit?" Dann sah er, dass die Taube ein Blatt von einem Olivenbaum im Schnabel hatte. Daran erkannte Noah, dass das Wasser verschwunden war und die Bäume wieder wachsen konnten. Trotzdem wartete er nochmals sieben Tage, um eine weitere Taube auszuschicken. Als diese Taube gar nicht mehr zurückkam, wusste Noah, dass sie genügend Nahrung gefunden hatte, um an Land zu überleben. Da stieß Noah das Dach der Arche auf, steckte den Kopf hinaus und sah, dass die Erde trocken war. Schnell kletterte er hinaus. Vor ihm lagen die hohen Berge, die grünen Wälder und das weite Land. Noah wärmte sein Gesicht in der Sonne und konnte sich nicht sattsehen an der Schönheit der Welt. Vor Glück fiel er auf den Boden und dankte Gott, der alles erschaffen hat.

Der Auszug aus der Arche

(Genesis 8,15–9,17)

Bald sprach Gott wieder zu Noah: „Verlasst die Arche – du und mit dir deine Frau, deine Söhne und die Frauen deiner Söhne. Alle Wesen, die bei dir sind, Vögel und Vieh und alle Würmer, die auf dem Boden kriechen, nimm mit nach draußen, damit sie auf der Erde leben und sich vermehren." Da ging Noah hinaus und mit ihm seine Familie und die Tiere.

Um Gott zu danken, baute Noah einen Altar und machte ein großes Feuer. Er opferte ihm ein Tier und Gott roch den Geruch des Feuers. Er sah die Flammen und sprach zu sich: „Ich will die Erde nicht mehr verfluchen. Von nun an wird es Saat und Ernte, Kälte und Hitze, Sommer und Winter, Tag und Nacht geben." So brachte Gott Ordnung in die Welt und sorgte dafür, dass die Menschen überleben konnten.

„Nie mehr wird es eine Sturmflut geben", versprach Gott Noah. „Die Menschen sollen Familien gründen, Kinder bekommen und sich um die Tiere kümmern. Auf der Erde werden Bäume wachsen, Früchte reifen und Felder blühen, damit die Menschen gut versorgt sind. Als Zeichen meines Versprechens schicke ich dir einen Regenbogen. Ich stelle ihn in die Wolken. Wenn die Menschen ihn sehen, wird er sie an mein Versprechen erinnern. Und auch ich werde meine Worte nicht vergessen."

So ist der Regenbogen ein Zeichen dafür, dass Gott die Menschen liebt und für sie sorgt.

Der Turmbau von Babel

(Genesis 11,1–11,9)

Noahs Kinder bekamen Kinder. Und auch diese Kinder wuchsen heran, gründeten Familien und hatten viele Töchter, Söhne und schließlich Enkel. Einige Familien lebten in Holzhütten auf dem Land, andere lebten in Zelten in der Wüste. Obwohl die Menschen nicht eng beieinanderwohnten, kannten sie dieselben Wörter und sprachen dieselbe Sprache. Eines Tages hatte jemand eine Idee. „Wir wollen Ziegel aus Ton formen. Denn Ziegel brennen nicht so leicht wie Holz, aus dem unsere Hütten gebaut sind. Und Ziegel halten Hunderte von Jahren. Lasst uns damit eine richtige Stadt mit Häusern, Brunnen und Marktplätzen errichten."

Also brannten die Menschen Tonziegel und fingen an zu bauen. Die Arbeit fiel den Menschen leicht, denn sie sprachen miteinander. Einer rief dem anderen zu: „Reich mir den Hammer herüber." Und er bekam den Hammer.

„Helft mir bitte beim Graben!", bat der Nächste und sofort halfen ihm die anderen Arbeiter. Einige brannten Ziegel, andere stapelten sie und wieder andere errichteten eine Wand. So kamen die Menschen schnell voran und bald reichte es ihnen nicht mehr, nur eine Stadt zu bauen. Die Stadt sollte auch einen Turm bekommen, und zwar den höchsten Turm, den man sich vorstellen kann. Er sollte über die Wolken hinaus in den Himmel ragen. Denn die Menschen wollten, dass in allen Ländern über die Stadt und ihren Turm berichtet werde. Die Bewohner wollten sich ein Denkmal setzen und in Zukunft und sogar nach ihrem Tod nicht vergessen werden.

Da entschied Gott, sich genauer anzuschauen, was die Menschen vorhatten. Er stieg auf die Erde hinab. Und Gott sagte zu sich: „Die Menschen sprechen eine Sprache. Das macht ihnen vieles leicht. Jetzt bauen sie einen Turm. Wenn das erst der Anfang ihres Schaffens ist, was werden sie bauen, wenn der Turm fertig ist? Ich werde ihre Sprache durcheinanderbringen müssen, damit keiner mehr den anderen versteht. Dann können sie keinen Turm in den Himmel mehr bauen und auch sonst nichts anpacken, was zu groß für sie ist."

Dann verstreute Gott die Menschen über die ganze Erde. Jetzt sprachen sie andere Sprachen und verstanden einander nicht mehr. Seit dieser Zeit fiel es den Menschen viel schwerer, etwas Großes zu errichten. Die Stadt, die die Menschen damals gebaut hatten, nennt man Babel. Aber der Turm wurde niemals fertig.

Abraham wird von Gott gerufen

(Genesis 12,1–9)

Auch Abraham war ein Nachfahre Noahs. Er lebte zusammen mit seiner Frau Sara, seinen Verwandten und vielen Schafen, Ziegen und Rindern in der Wüste. Doch eines Tages sprach Gott zu ihm: „Ziehe fort aus deinem Land. Verlasse das Haus, in dem du lebst. Lasse alles hinter dir, auch deine Verwandten und deine Freunde. Ziehe in das Land, das ich dir zeigen werde. Denn ich will dich segnen. Du wirst viele Kinder bekommen und du wirst der Vater eines großen Volkes werden."

Abraham glaubte den Worten Gottes. Er packte sofort seine Sachen, nahm seine Frau Sara und seine Tiere und machte sich auf. Sie waren schon lange unterwegs, bevor Gott wieder zu Abraham sprach: „Hier, wo du jetzt bist, sollst du leben." Abraham schaute sich um und entdeckte einen Felsen. Darin fand er eine Nische für einen Schlafplatz. Dann fiel er auf die Knie und dankte Gott, weil er ihm ein neues Zuhause gegeben hatte. Und darum baute Abraham einen Altar genau an der Stelle, an der Gott mit ihm gesprochen hatte.

Abraham und Sara werden Kinder versprochen

(Genesis 13,16; 15,5-6; 18,1-15; 21,1-6)

Es vergingen viele Jahre. Aber Abrahams Frau wurde nicht wie erwartet schwanger. Doch Gott sprach wieder zu Abraham: „Ich werde dir so viele Nachkommen geben, wie es Staubkörner auf der Erde gibt." Abraham schöpfte neue Hoffnung. Vielleicht würde er noch Vater werden? Aber er machte sich auch oft Gedanken und hatte Zweifel, weil er und seine Frau Sara schon sehr alt waren. Wie sollten sie überhaupt ein Kind bekommen? Und Gott hatte doch sogar von vielen Nachkommen gesprochen. War das denn überhaupt möglich? Um Abraham Zuversicht zu geben, wandte sich Gott erneut zu ihm. Jetzt versprach er ihm so viele Kinder, wie Sterne am Himmel sind. Da fasste Abraham frischen Mut und sein Vertrauen in Gott wuchs.

Als Abraham eines Tages vor ihrem Zelt saß, kamen drei Männer zu ihm. Abraham stand auf und lud sie zu sich ein. „Kommt! Setzt euch zu mir in den Schatten. Ihr seid müde von der Reise. Esst und trinkt mit mir!"

Die Männer freuten sich. Sie nahmen Abrahams Einladung an und setzten sich. Abraham ging zu seiner Frau Sara, die im Zelt war, und bat sie darum, Kuchen für die Gäste zu backen. Dann suchte er ein Kalb aus, denn er wollte die Gäste am Abend zu einem saftigen Braten einladen. Zum Schluss molk er Ziegen, um ihnen frische Milch anzubieten. So wurde aus dem Essen für die unerwarteten Gäste ein richtiges Festmahl.

Als alle satt waren, fragte ein Mann neugierig: „Wo ist denn deine Frau Sara?"

„Im Zelt", antwortete Abraham.

„Wenn ein Jahr vergangen ist, kommen wir wieder. Dann habt ihr bereits einen Sohn", sagte der Mann nun.

Sara, die direkt am Eingang des Zeltes stand, hatte die Worte des Mannes gehört. Sie musste lachen. Aber manchmal lachen Menschen auch, wenn sie durch Worte von anderen verletzt sind und traurig werden. Sara lachte nicht, weil sie sich freute. Sondern weil sie schon alt war und längst nicht mehr daran gedacht hatte, dass sie ein Kind bekommen würde. Wie konnte der Mann also trotzdem sagen, dass sie noch einmal schwanger würde? Wollte er sich über sie lustig machen? Warum nur sagte er so etwas Gemeines?

Der Mann hörte Saras Lachen und sagte: „Deine Frau lacht über meine Worte, weil sie mich nicht verstanden hat. Weiß sie nicht, dass Gott Wunder wirken kann?" Da erkannte Abraham, dass der Mann ein Engel war, den Gott ihnen geschickt hatte.

Als Sara nun diese Worte des Engels hörte, erschrak sie. Auch sie merkte, dass Gott bei ihnen war, und schämte sich.

„Ich habe gar nicht gelacht!", log sie deshalb die Gäste an.

„Doch, du hast gelacht", erwiderte der Engel.

Es verging ein Jahr und Sara gebar einen Sohn, wie der Engel es vorausgesagt hatte. Abraham und Sara waren überglücklich und nannten ihn Isaak. Das bedeutet „Lachen". Denn jetzt konnte Sara vor Freude lachen und jeder, der sie so fröhlich sah, lachte zurück.

So hatte Gott sein Versprechen gehalten und Sara und Abraham einen Sohn geschenkt, obwohl sie schon sehr alt waren. Denn für Gott ist nichts unmöglich.

Die Zwillinge Esau und Jakob

(Genesis 25,19–34)

Isaak wuchs heran und heiratete eine Frau, die Rebekka hieß. Nach der Hochzeit brachte Rebekka Zwillinge auf die Welt. Der Erstgeborene hatte struppiges rotes Haar und raue Haut. Deswegen nannten ihn die Eltern Esau. Kurz darauf kam sein Bruder auf die Welt. Bei seiner Geburt hatte er den Fuß von Esau in der Hand. Ihn nannten seine Eltern Jakob. Jakob hatte glatte Haut. Obwohl sie Zwillinge waren, waren sich die beiden Brüder also gar nicht ähnlich.

Die beiden Söhne wuchsen heran. Esau, der erstgeborene Sohn, wurde ein guter Jäger. Er brachte oft Wild mit nach Hause, das sein Vater gerne aß. Deswegen mochte ihn Isaak besonders gerne. Jakob, der jüngere Sohn, kochte für sein Leben gern und half der Mutter oft in der Küche. Deswegen hatte ihn Rebekka besonders gern.

Eines Tages kam Esau hungrig von der Jagd zurück. Jakob hatte gerade Brot gebacken. Jetzt stand er am Herd und rührte in einem Topf mit Linsen.

„Hier duftet es gut. Gib mir etwas von deinem Essen", sagte Esau zu Jakob, während er sich seine Jagdstiefel auszog.

„Ich gebe dir zu essen. Aber was gibst du mir dafür?", fragte Jakob zurück.

„Was willst du denn haben?", wollte Esau wissen, dem vor Hunger schon der Magen knurrte.

„Wenn du mir dein Erstgeburtsrecht gibst, darfst du alles aufessen", antwortete Jakob und streute frische Kräuter in den Topf. Bei sich dachte er: „Wenn ich das Erstgeburtsrecht habe, werde ich den Segen meines Vaters erhalten und alles erben. Dann bin ich reich und mächtig."

„Ich werde sowieso irgendwann sterben", meinte Esau, dem der köstliche Duft in die Nase stieg und das Wasser im Mund zusammenlief. „Gib mir also von deinem Essen und ich gebe dir mein Erstgeburtsrecht. Das nützt mir sowieso nichts."

„Du musst es schwören", forderte Jakob.

Also schwor Esau, dass er auf das Recht des Erstgeborenen verzichtete.

Dann setzte er sich an den Tisch und aß und trank sich satt.

Jakob überlistet Esau

(Genesis 27,1–45)

Als Isaak sehr alt geworden war, konnte er nicht mehr gut sehen. Schließlich wurde er blind. Eines Tages rief er nach seinem älteren Sohn Esau und sagte zu ihm: „Gehe hinaus aufs Feld und jage mir ein Wild. Bereite es zu und bringe es mir. Dann will ich es essen und dich segnen. Denn ich weiß nicht, wie lange ich noch leben werde. Du aber sollst mein Nachfolger sein und unseren Besitz erben."

Rebekka hatte die Worte Isaaks gehört. Sie rief nach ihrem Jakob, der ihr der liebste Sohn war. „Mein Sohn, höre auf mich und tue, was ich dir rate", sagte sie zu Jakob, denn sie wollte, dass er und nicht Esau der Nachfolger würde. „Gehe zu unserer Herde und hole mir zwei kleine Ziegen. Die werde ich schmackhaft zubereiten, genau so, wie es dein Vater mag. Dann bringst du ihm den Braten, damit er ihn isst und anschließend dich segnet."

Jakob jedoch zweifelte an dem Plan seiner Mutter. „Was ist, wenn mein Vater mich berühren will? Ich habe glatte Haut. Esau aber hat raue Haut. Wenn Isaak mich erkennt und merkt, dass ich ihn betrüge, wird er mich nicht segnen, sondern verfluchen."

„Das wird nicht passieren. Höre auf mich", versicherte ihm Rebekka. „Beeile dich jetzt und bringe mir die Zicklein."

Also ging Jakob hinaus auf die Weide und brachte seiner Mutter zwei junge Zicklein. Rebekka machte einen saftigen Braten daraus, genau so, wie Isaak ihn mochte. Dann suchte sie im Haus nach Kleidern von ihrem Sohn Esau und zog sie Jakob an. Die Felle der jungen Ziegen legte sie Jakob um seine Arme und um seinen Hals. Zum Schluss gab sie Jakob den Braten und legte noch frisches Brot dazu.

So ging Jakob zu Isaak, der auf seinem Bett lag, und sagte: „Mein Vater!"

„Bis du schon wieder zurück?" Isaak roch das gute Essen und glaubte, dass Esau schon von der Jagd heimgekehrt sei.

„Das bin ich, Vater", antwortete Jakob. „Vor dir steht Esau, dein erstgeborener Sohn. Ich habe Wild erlegt und für dich zubereitet, so, wie du es mir gesagt hast. Iss nun davon und segne mich dann."

„Wie konntest du so schnell ein Tier aufspüren?", fragte Isaak nach.

„Gott hat mir bei der Jagd geholfen", log Jakob weiter. „Deswegen bin ich so rasch wieder bei dir."

„Komm zu mir", bat Isaak von seinem Bett aus.

Jakob ging zu seinem Vater, damit er ihn berühren konnte. Doch auch als dieser Jakobs Arme fühlte, die mit rauem Ziegenfell umwickelt waren und sich deshalb wie raue Haut anfühlten, zweifelte er noch, ob wirklich Esau vor ihm stand. Denn Jakobs Stimme klang anders als die Stimme seines Bruders. Deswegen fragte Isaak noch einmal: „Du bist es also wirklich? Du bist mein Sohn Esau?"

„Ich bin es", log Jakob erneut.

Da nahm Isaak das Wild und aß es. Als er fertig gegessen hatte, küsste er Jakob. Dabei roch er die Kleidung, die den Geruch von Esau in sich trug. So segnete er seinen Sohn Jakob in dem Glauben, es sei sein anderer Sohn. Durch den Segen des Vaters bekam Jakob alles, was ihm gehörte.

Kaum hatte der Vater den Segen zu Ende gesprochen, kam Esau von der Jagd nach Hause. Er hatte Wild erlegt, und als es fertig zubereitet war, ging er zu seinem Vater und bat ihn, sich aufzusetzen.

Isaak fragte: „Wer bist du?"

„Ich bin dein erstgeborener Sohn", antwortete Esau.

Da erschrak Isaak fürchterlich. Er verstand, dass er den falschen Sohn gesegnet hatte. Doch es war zu spät. Esau musste von nun an seinem jüngeren Bruder dienen, denn der Vater hatte Jakob bereits alles gegeben, was er hatte.

In den nächsten Tagen wurde Esau immer verzweifelter. Er hasste seinen Bruder, der ihn so hintergangen und den eigenen Vater belogen hatte. Der Hass wuchs und wurde größer und größer. Ständig murmelte er vor sich hin: „Das wird Jakob mir büßen! Ich werde ihn umbringen."

Als seine Mutter diese Worte hörte, sprach sie zu Jakob: „Ziehe fort. Verlasse unser Haus und gehe zu deinem Onkel nach Haran. Kehre erst zurück, wenn sich der Zorn deines Bruders wieder gelegt hat. Ihr sollt euch nicht bis zum Tod bekämpfen. Denn ich möchte keinen von euch verlieren."

Jakob hat einen Traum

(Genesis 28,10 – 28,22)

Jakob packte seine Sachen und zog fort. Er hatte eine weite Reise vor sich. Nachdem die Sonne untergegangen war, suchte er einen Platz zum Schlafen. Er fand einen Stein und bettete seinen Kopf darauf. Dann schloss er die Augen. Aber vor lauter Angst schlief er nicht ein. Es war dunkel um ihn und er fühlte sich schrecklich allein. Plötzlich heulte ein Wolf auf und Jakob erschrak. Was geschah, wenn ihn ein wildes Tier anfiel? Doch irgendwann übermannte ihn die Müdigkeit.

In dieser Nacht hatte Jakob einen Traum. Eine Leiter führte von der Erde zum Himmel. Engel stiegen auf der Leiter hoch und hinunter. Oben im Himmel stand Gott und sprach zu Jakob: „Ich bin der Vater deines Vaters. Dir will ich Land geben. Du wirst viele Kinder haben. Ich bin bei dir. Denn ich werde dich nie verlassen, sondern immer beschützen und behüten."

Als Jakob erwachte, wusste er, dass Gott in dieser Nacht bei ihm gewesen war. Er nahm den Stein, auf dem er geschlafen hatte, und schwor: „Gott, wenn ich von meinem Onkel wieder in mein Elternhaus zurückkehre, werde ich dir genau an dieser Stelle, hier, wo dieser Stein liegt, ein Haus errichten."

Jakob hatte von nun an keine Angst mehr. Denn er war sicher, dass Gott ihn auf seinem Weg begleitete. Er war nicht allein.

Jakob heiratet

(Genesis 29,1–30)

Jakob zog weiter durch die Steppe zu seinem Onkel. Doch bald wurde er durstig. In der Ferne entdeckte er einen Brunnen, an dem drei Hirten mit ihren Schafherden lagerten. Der Brunnen hatte genug Wasser für Menschen und Tiere. Aber seine Öffnung war mit einem großen, schweren Stein bedeckt. Es mussten sich erst noch mehr Hirten einfinden, damit genügend Männer da waren, um den Stein zur Seite zu schieben. So wartete Jakob mit den anderen Hirten und fragte sie nach ihrer Herkunft.

„Wir sind aus Haran", antworteten die Hirten.

„Da will ich hin", sagte Jakob überrascht. „Ich will zu meinem Verwandten. Kennt ihr vielleicht meinen Onkel Laban?"

„Klar kennen wir den", meinte ein Hirte und Jakob freute sich sehr, von seinem Onkel zu erfahren.

„Schau nur, da kommt seine Tochter Rachel", rief ein anderer Hirte, als sich eine junge Frau mit ihren Schafen dem Brunnen näherte. Jakob sah die Hirtin und fand sie wunderschön.

Die anderen Hirten wollten lieber noch eine Weile auf helfende Hände warten, aber Rachel hatte großen Durst. Also wälzte Jakob den schweren Stein allein von der Brunnenöffnung, damit sie und ihre Schafe Wasser hatten. Er begrüßte und küsste seine Cousine, die er noch nie gesehen hatte, und erzählte ihr, dass er zu ihrem Vater Laban wolle. Nachdem die Schafe genug getrunken hatten, lief Rachel sofort nach Hause, um ihrem Vater von der Neuigkeit zu erzählen.

„Vater!", rief sie ihm schon von Weitem zu. „Stell dir vor! Jakob, Rebekkas Sohn, ist auf dem Weg zu uns. Er will uns besuchen."

Laban freute sich und nahm Jakob in seinem Haus wie einen Sohn auf.

Von nun an wohnte und arbeitete Jakob für Laban, der zwei Töchter hatte. Denn Rachel hatte noch eine ältere Schwester, die Lea hieß.

Eines Tages fragte Laban, welchen Lohn Jakob für seine Arbeit haben wolle. „Ich möchte deine Tochter Rachel zur Frau nehmen. Sie ist so schön wie ein Sonnenstrahl", antwortete Jakob. „Für sie diene ich dir gerne sieben Jahre lang." Laban war mit dem Vorschlag einverstanden.

Und Jakob diente sieben Jahre lang. Weil er Rachel so liebte, verging diese Zeit wie im Flug. Bald stand die Hochzeit bevor und Laban bereitete eine große Feier. Diesmal jedoch war es Jakob, der betrogen wurde, so, wie er vor langer Zeit seinen Bruder Esau betrogen hatte. Denn Laban schickte in der Nacht seine ältere Tochter Lea zu Jakob ins Zimmer. Erst im hellen Licht des nächsten Morgens erkannte Jakob, dass er die falsche Frau geheiratet hatte, und lief zu Laban. „Warum hast du mir Lea zur Frau gegeben?", rief er verzweifelt. „Ich habe dir sieben Jahre lang gedient, weil ich Rachel liebe. Das weißt du genau! Und nun habe ich Lea geheiratet."

„Es ist hierzulande üblich, zuerst die ältere Tochter zu verheiraten", gab Laban freimütig zu. „Diene mir noch einmal sieben Jahre und ich gebe dir auch Rachel zur Frau."

So kam es, dass Jakob aus Liebe zu Rachel vierzehn Jahre für Laban arbeitete, bevor er die Frau, die er von Herzen liebte, heiraten konnte.

Jakobs Heimkehr

(Genesis 30,25–33,4)

Nach so vielen Jahren in der Fremde bekam Jakob Heimweh und wollte nach Hause zurückkehren. Deswegen sagte er zu Laban: „Ich möchte mit meiner Familie zurück in das Haus meiner Eltern."

Das verstand Laban und er fragte Jakob, welchen Lohn er sich wünschte.

„Während all der Zeit, die ich dir gedient habe, ist deine Herde viel größer geworden", antwortete Jakob. „Das liegt auch an meiner guten Arbeit. Also verlange ich einen Teil deiner Herde."

Laban überließ Jakob viele Schafe und so machte er sich als reicher Mann mit seiner Familie auf den Weg zu seinen Eltern und seinem Bruder Esau. Auf der langen Reise wurde es Jakob jedoch angst und bange bei dem Gedanken an den Bruder, den er vor vielen Jahren um sein Erbrecht betrogen hatte. Deswegen schickte er seine Schafe für Esau voraus. Jakob hoffte, dass Esau ihm verzeihen würde, wenn er ein so großes Geschenk bekam.

Zu Hause war Esau, gleich nachdem er von Jakobs Rückkehr erfahren hatte, auf sein Pferd gestiegen und ritt seinem Bruder entgegen.

Jakob erkannte ihn bereits von Weitem. „Lasst mich alleine zu ihm", sagte er zu seinen Frauen und ging seinem Bruder entgegen. Auf dem Weg verneigte er sich sieben Mal ganz tief bis zur Erde. Als Esau das sah, ging auch er Jakob entgegen. Schließlich fielen sich die beiden Brüder in die Arme und weinten und lachten vor Erleichterung. Denn sie fühlten, dass sie einander nach dieser langen Zeit nicht mehr böse waren.

Josefs Träume

(Genesis 37,2–11)

Jakob hatte einen Lieblingssohn, der Josef hieß. Eines Tages schenkte Jakob ihm einen wunderschönen bunten Mantel und Josefs Brüder wurden eifersüchtig auf ihn. Sie mussten den ganzen Tag ohne Lohn auf der Weide Schafe hüten und Josef bekam wertvolle Geschenke von ihrem Vater. Das war doch ungerecht! Aber damit nicht genug. Eines Tages sagte Josef seiner Familie, er habe einen wunderbaren Traum gehabt.

„Seht! Die Sonne, der Mond und die Sterne haben sich heute Nacht vor mir verneigt!", erklärte er seiner Familie.

Die älteren Brüder schüttelten die Köpfe. Was bildete sich Josef nur ein? Vielleicht wollte er etwas Besseres sein als alle anderen? Denn wenn sich sogar die Sonne, der Mond und die Sterne vor ihm verneigten, glaubte er sicher auch, dass sich alle Menschen vor ihm verneigen und ihm dienen müssten. Auch Jakob wurde ärgerlich, als er von dem Traum hörte. Was war nur in seinen Sohn gefahren?

Josef wird von seinen Brüdern in den Brunnen geworfen

(Genesis 37,12–35)

Eines Tages hüteten Josefs Brüder wieder die Schafe. Als sie schon lange unterwegs waren, sprach Jakob zu Josef: „Gehe zu deinen Brüdern und sieh nach, ob es ihnen und den Tieren gut geht. Dann komm wieder zurück und sage mir, ob alles in Ordnung ist."

So zog Josef los, um seine Brüder zu suchen. Auf dem Weg zur Herde traf er einen Mann. Josef begrüßte ihn und fragte: „Hast du Hirten mit ihren Herden gesehen?"

„Es waren Hirten hier in der Nähe. Aber sie sind weitergezogen." Also zog auch Josef weiter in die Richtung, die der Mann ihm gewiesen hatte. Schließlich sah er die Schafe in der Ferne weiden und lief ihnen entgegen. Die Brüder hatten ihn schon erkannt und überlegten, was sie mit ihm machen sollten. Denn sie wollten ihm das Träumen endgültig aus dem Kopf schlagen.

„Wir werfen ihn in den Brunnen und sagen unserem Vater, ein wildes Tier habe ihn gefressen", schlug einer vor.

Aber Ruben, ein anderer Bruder, wollte verhindern, dass seine Brüder Josef töteten. „Wir können ihn in den Brunnen werfen", meinte er deshalb. „Aber wir lassen ihn leben." Denn Ruben wollte später wiederkommen, um Josef heimlich aus dem Brunnen zu retten.

Ohne von den Plänen der Brüder etwas zu ahnen, kam Josef zu ihnen. Und schon im nächsten Augenblick hielten die Brüder ihn fest und raubten ihm seinen schönen Mantel. Dann packten sie ihn und zerrten ihn zum Brunnen. Josef schrie und wehrte sich, aber die Brüder ließen nicht los. Nur Ruben konnte nicht mit ansehen, wie Josef von seinen Brüdern in den Brunnen geworfen wurde. Zum Glück hatte er kein Wasser. Als sie ihr böses Werk vollendet hatten, setzten sich die Brüder hin, um zu essen und zu ruhen.

Als sie im Schatten dösten, erschienen plötzlich Kaufleute auf Kamelen am Horizont. Und wieder hatten die Brüder eine Idee. Warum sollten sie Josef im Brunnen lassen? Sie konnten ihn doch auch an die Fremden verkaufen. Also zogen sie Josef wieder aus dem Loch und bekamen ein paar Silbermünzen für ihn. Aber was sollten sie ihrem Vater sagen, wenn er nach Josef fragen würde? Erneut hatte einer von ihnen einen bösen Einfall. Die Brüder schlachteten eine Ziege. Dann nahmen sie Josefs Mantel und tränkten ihn in dem Tierblut. Den Mantel gaben sie einem Knecht und schickten ihn nach Hause. Als Jakob den blutigen Mantel seines Lieblingssohnes sah, glaubte er, dass Josef von einem wilden Tier gefressen wurde. Er weinte sehr lange und war so traurig, dass er sich von niemandem trösten ließ.

Josef jedoch lebte und war mit den Kaufleuten auf dem Weg nach Ägypten.

Josef in Ägypten

(Genesis 39,1–20)

Die Kaufleute wollten Josef in Ägypten auf einem Sklavenmarkt verkaufen. Sie boten ihn an, wie man ein Tier anbietet, und es fand sich schnell ein Käufer. Potifar, ein Mitarbeiter des Pharaos, wollte Josef haben. So wurde Josef der Sklave eines reichen Ägypters. Gott aber sah, wie es Josef erging, und half ihm. Bei Josefs Arbeit in dem Haus des Potifar gelang ihm, was er nur anpackte. Potifar erkannte schnell, wie geschickt, fleißig und klug Josef war. Deswegen war er überzeugt, dass Gott bei Josef war, und ließ sich persönlich von ihm bedienen. Bald schon musste Josef nicht mehr so schwer schuften, sondern durfte das gesamte Vermögen des Potifar und seinen Besitz verwalten. Josef ging durch das Haus und den Garten und befahl den anderen Sklaven, was sie zu tun hatten. Fast bewegte er sich wie ein freier Mann. Mit Gottes Hilfe wurde der Reichtum des Potifar immer größer und der Potifar kümmerte sich immer weniger um die Geschäfte. Er überließ sie Josef. Der Potifar vertraute ihm so sehr, dass er selbst nur noch aß und faulenzte. Josef jedoch war nicht nur sehr klug. Er war auch sehr schön. Und das erkannte auch die Frau des Potifar. Deswegen sagte sie zu ihm: „Komm heute Nacht in mein Zimmer und schlafe bei mir." Josef wollte das nicht und antwortete: „Mein Herr, der Potifar, vertraut mir sein Haus und sein Vermögen an. Ich bin sein Sklave und jetzt habe ich so viel Macht wie er. Wie kann ich ihn betrügen?"

Trotzdem versuchte die Frau des Potifar, Josef zu verführen. Vielleicht war sie in den schönen und klugen Mann verliebt? Aber Josef wollte nichts mit ihr zu tun haben.

Als die Frau des Potifar eines Tages allein mit Josef im Haus war, fasste sie nach seiner Kleidung und zog ihn an sich, um ihn zu küssen. Er aber befreite sich und floh so schnell, dass sie sein Gewand in der Hand behielt. Die Frau des Potifar fühlte sich durch Josefs Verhalten sehr verletzt. Er war einfach vor ihr davongelaufen! Sie musste sich an ihm rächen! Sie rief die Bediensteten zusammen und zeigte ihnen das Gewand.

„Josef war bei mir und hat mich bedrängt", log sie. „Deswegen habe ich laut nach euch gerufen. Da ist er aus dem Haus gelaufen. Aber seht her! Sein Gewand ist der Beweis für seine Tat."

Später zeigte sie noch ihrem Mann Josefs Kleidung und belog ihn ebenso wie die Bediensteten. Auch der Potifar glaubte ihr und wurde zornig. Und er ließ seinen Sklaven Josef festnehmen und ins Gefängnis werfen.

Josef im Gefängnis

(Genesis 39,21–40,23)

Josef lebte nun mit Mördern und anderen Verbrechern zusammen im Gefängnis. Doch Gott war bei ihm. Nach kurzer Zeit erkannte wie der Potifar auch der Aufseher, dass Josef schlauer war als die anderen. Deswegen übertrug er ihm allerlei Aufgaben. Schließlich kam es so weit, dass Josef den anderen Gefangenen sagte, was sie zu tun hatten. Der Aufseher kümmerte sich gar nicht mehr.

Eines Tages wurden zwei neue Gefangene zu Josef gebracht. Sie trugen vornehme Kleider und sprachen und benahmen sich anders als die übrigen Gefangenen. Bald erfuhr Josef, dass es zwei Bedienstete des Pharaos waren. Einer von ihnen war sein Mundschenk. Er war für die Weine des Pharaos verantwortlich und musste dafür sorgen, dass sie dem Pharao gut schmeckten. Der andere war der Bäcker des Pharaos.

Als Josef eines Morgens zu den beiden kam, waren sie sehr traurig. „Warum macht ihr heute so grimmige Gesichter?", fragte Josef.

„In der Nacht hatten wir wichtige Träume", antwortete der Mundschenk. „Aber wir wissen nicht, was sie bedeuten."

„Erzählt mir eure Träume", sagte Josef. „Vielleicht kann ich sie mit Gottes Hilfe deuten."

„In meinem Traum sah ich einen Weinstock", erklärte der Mundschenk. „An dem Weinstock waren drei Reben, an denen reife Trauben hingen. Ich presste ihren Saft in den Becher des Pharaos. Dann reichte ich ihm seinen Becher."

„Das ist ein guter Traum", erklärte Josef. „Die drei Reben bedeuten drei Tage. In drei Tagen wird dich der Pharao freilassen. Du wirst wieder bei ihm leben und ihm den Wein reichen, wie du es früher getan hast."

Der Mundschenk war überglücklich, als er Josefs Worte hörte. Josef hatte jedoch auch eine Bitte an ihn. „Wenn du wieder beim Pharao bist, vergiss mich nicht, sondern berichte ihm von mir. Ich sitze unschuldig im Gefängnis. Sag dem Pharao, er soll mich befreien."

Als der Bäcker gehört hatte, dass der Mundschenk bald wieder beim Pharao leben würde, erzählte er auch von seinem Traum.

„Heute Nacht trug ich drei Körbe mit Gebäck auf meinem Kopf", begann er. „Im obersten Korb lag das Gebäck für den Pharao. Da kamen Vögel und fraßen den Korb leer."

„Die drei Körbe bedeuten wieder drei Tage", erklärte Josef. „Aber leider ist dein Traum nicht gut. Zwar wird sich der Pharao nach drei Tagen an dich erinnern, aber er wird dich aufhängen."

Die drei Tage vergingen und der Pharao feierte Geburtstag. Er erinnerte sich an den Mundschenk und an den Bäcker und es geschah so, wie Josef es gesagt hatte: Dem Mundschenk wurde die Freiheit geschenkt und der Bäcker musste sterben. Doch als der Mundschenk wieder in Freiheit lebte, hatte er Josef schnell vergessen. Und der musste weiter im Gefängnis bleiben.

Die Träume des Pharaos

(Genesis 41,1–49)

Zwei Jahre später hatte auch der Pharao einen wundersamen Traum. Er stand am Nil und sah, wie sieben Kühe aus dem Fluss traten und am Ufer weideten. Die Kühe waren fett und schön. Doch dann kamen sieben weitere Kühe aus dem Nil gestiegen, die mager und hässlich waren. Die mageren Kühe stellten sich neben die fetten Tiere. Dann fraßen die hässlichen Kühe die schönen Kühe auf. Zitternd vor Schreck erwachte der Pharao. Doch vor allem fühlte er sich ratlos. Was sollte der Traum nur bedeuten?

Am nächsten Tag ließ der Pharao alle klugen Männer zu sich kommen. Aber niemand konnte ihm den Traum erklären. Auch der Mundschenk hörte schließlich von dem Traum des Pharaos. Da fiel ihm der kluge Josef wieder ein. Er eilte zum Pharao. „Als ich im Gefängnis saß, hatte auch ich einen Traum", sagte der Mundschenk. „Ich berichtete einem anderen Gefangenen davon und mit Gottes Hilfe erklärte er mir, was der Traum zu bedeuten hatte. Und stellt Euch vor! Alles ist so eingetroffen, wie der Mann es voraussagte."

Da ließ der Pharao sofort nach Josef ins Gefängnis schicken. Josef wusch sich und bekam neue Kleider. Dann wurde er zum Pharao gebracht und hörte seinen Traum von den Kühen.

„Mit Gottes Hilfe werde ich dir deinen Traum erklären. Denn ich allein kann nichts", sprach Josef. „Hör mir zu! Gott hat dir gezeigt, was er tun wird. Es werden sieben Jahre kommen, in denen alle Menschen in Ägypten mehr als genug zu essen haben. So fett, wie die Kühe in deinem Traum waren, so fett werden die nächsten sieben Jahre für dein Land werden. Dann aber kommen sieben Jahre, in denen die Menschen hungern werden. So, wie die fetten Kühe in deinem Traum von den mageren Kühen gefressen werden, so werden die Menschen von ihrem Hunger angefallen."

„Was soll ich dagegen tun?", fragte der Pharao.

„Sammle in den fetten Jahren das Korn ein, das nicht gegessen wird. Wenn die mageren Jahre kommen, werden die Menschen es brauchen. Ohne dieses Korn werden sie allesamt verhungern", antwortete Josef.

„Mache du das für mich. Die Ägypter werden nach deinen Befehlen handeln", bat der Pharao. „Mein ganzes Volk soll dir gehorchen."

Nach diesen letzten Worten gab der Pharao Josef seinen Ring, die schönsten Kleider und eine goldene Kette. So geschmückt reiste Josef in dem Wagen des Pharaos durch Ägypten. In den sieben fetten Jahren sammelte Josef das überflüssige Korn ein und lagerte es in den Städten. Es gab so viel Getreide im Land, dass Josef aufhörte, es zu zählen.

Die Brüder Josefs

(Genesis 41,53 – 42,24)

Nach den sieben fetten Jahren herrschte in allen Ländern Hungersnot. Nur in Ägypten gab es genug Brot zu essen, weil Josef die überflüssige Ernte eingesammelt und vernünftig verwaltet hatte. Jetzt kamen die Menschen von überall her, um Korn zu kaufen. Mit diesem Auftrag zogen auch die zehn Brüder von Josef nach Ägypten. Nur Benjamin, den jüngsten seiner Söhne, ließ Jakob nicht mitgehen.

Als die Brüder Ägypten erreichten und vor Josef standen, erkannte Josef sie sofort. Aber seine Brüder erkannten Josef nicht. Denn sie glaubten, dass er als Sklave leben würde. Josef dachte daran, wie seine Brüder ihn behandelt hatten.

„Ihr seid Spione. Ihr wollt mein Land ausforschen. Das ist verboten", sagte er deshalb. „Dafür müsst ihr ins Gefängnis."

Die Brüder versicherten, dass sie nur gekommen seien, um Getreide zu kaufen. Sie erzählten, woher sie kamen und dass der jüngere Bruder noch zu Hause sei.

Aber Josef blieb streng. Er ließ die Brüder verhaften und ins Gefängnis werfen. Nachdem drei Tage vergangen waren, ging Josef zu ihnen.

„Heute dürft ihr wieder nach Hause ziehen. Aber nur, wenn einer von euch hierbleibt", verlangte er. „Auch will ich, dass ihr mir euren jüngsten Bruder bringt, der noch bei eurem Vater ist. Wenn ihr tut, was ich sage, werde ich euch Glauben schenken und ihr müsst nicht in diesem Gefängnis sterben."

In diesem Moment erinnerten die Brüder sich schmerzlich daran, was sie vor vielen Jahren ihrem Bruder Josef angetan hatten. Obwohl sie ihn immer noch nicht erkannten, waren sie sicher, dass sie hier nun die Strafe für ihre Taten erhielten. Josef hörte, was sie miteinander sprachen. Er wurde sehr traurig und weinte. Dann wurde Simeon vor den Augen seiner Brüder gefesselt. Er sollte als Gefangener bei Josef bleiben.

Rückkehr der Brüder zu ihrem Vater

(Genesis 42,25 – 43,34)

Die Brüder machten sich ohne Simeon auf den Rückweg zu ihrem Vater. Bevor sie loszogen, gab Josef ihnen viel Getreide mit. Die schweren Säcke legten sie auf ihre Esel und gingen davon. So beladen kamen die Brüder nach Hause zurück.

„Wo ist Simeon?", fragte Jakob, als er seine Söhne in die Arme nahm.

„Er musste in Ägypten bleiben", antwortete einer seiner Söhne.

Dann erzählten die Brüder, dass sie ihren Bruder Benjamin nach Ägypten bringen müssten, damit Simeon wieder freikäme.

„Josef ist vor Jahren von wilden Tieren gefressen worden. Nun ist auch Simeon nicht mehr bei uns", rief Jakob verzweifelt. „Soll ich auch noch meinen jüngsten Sohn verlieren?"

Doch der Hunger im Land wurde immer schlimmer. Bald war das Getreide aus Ägypten verbraucht. Deswegen sagte Jakob zu seinen Söhnen: „Zieht noch einmal nach Ägypten, um Getreide zu kaufen."

Sein Sohn Juda erwiderte: „Der Mann in Ägypten wird uns töten, wenn wir ohne Benjamin wiederkommen werden!"

Unter Weinen antwortete Jakob: „Bevor wir alle verhungern, nehmt Benjamin mit euch."

Da zogen seine Söhne ein zweites Mal nach Ägypten.

Als Josef sah, dass die Brüder mit Benjamin zurückkehrten, ließ er ein Tier schlachten. Seine Brüder sollten sich nach der langen Reise ausruhen und sattessen. Die Brüder jedoch fürchteten sich. Sie wussten nicht, was mit ihnen in Josefs Haus passieren würde. Aber sie gingen hinein und trafen dort Simeon. Schließlich kam Josef zu ihnen und die Brüder verneigten sich vor ihm.

„Wie geht es eurem Vater?", fragte Josef. Die Brüder antworteten, dass es ihm gut gehe. Als Josef Benjamin sah, musste er plötzlich weinen. Er dachte daran, wie seine Brüder ihn in den Brunnen geworfen und verkauft hatten. Damit niemand seine Tränen sah, lief er in ein anderes Zimmer. Dann ließ er das Festessen auftischen. Die Brüder wunderten sich sehr, dass der Ägypter auf einmal so freundlich zu ihnen war. Aber sie tranken und aßen zusammen und waren fröhlich.

Josefs Becher im Sack Benjamins

(Genesis 44,1–45,28)

Als die Brüder im Aufbruch waren, legte Josef einen silbernen Becher in den Getreidesack von Benjamin. Denn er wollte seine Brüder auf die Probe stellen. Sie hatten gerade die Stadt verlassen, da wurden die Brüder von Soldaten eingeholt.

„Warum habt ihr einen silbernen Becher gestohlen?", rief ihnen ein Soldat zu und sprang vom Pferd. „Ihr seid gut von meinem Herrn empfangen worden und doch habt ihr sein Vertrauen missbraucht."

„Wir haben den Becher deines Herrn nicht gestohlen", erwiderte Juda unbeschwert. „Durchsucht unser Gepäck. Wenn ihr den Becher findet, so bestraft uns."

Natürlich fanden die Reiter den Becher in Benjamins Sack. Er verzweifelte, weil er nicht wusste, wie der Becher dort hineingekommen war. Die Soldaten fesselten Benjamin und machten Anstalten, ihn mitzunehmen. Aber die Brüder wollten ihren kleinen Bruder nicht alleinlassen. So zogen sie mit ihm wieder zurück in die Stadt.

Als die Brüder erneut bei Josefs Haus eintrafen, warfen sie sich ihm vor die Füße.

„Wir werden alle deine Sklaven sein", sagte Juda. „Nicht nur Benjamin, bei dem der Becher gefunden wurde."

Aber Josef sprach die Brüder frei. Nur Benjamin, bei dem der Becher gefunden wurde, sollte bei ihm bleiben.

„Das wird unser Vater nicht überleben", rief Juda. „Denn Benjamin ist sein Lieblingssohn. Bitte nehmt mich als Sklaven! Aber lasst Benjamin ziehen. Unser Vater hat bereits vor vielen Jahren seinen Sohn Josef verloren."

Da sprach Josef: „Ich bin Josef, euer Bruder, den ihr nach Ägypten verkauft habt. Aber nicht ihr wart es, der mich hierhergeführt hat, sondern Gott. Er wollte, dass ich den Traum des Pharaos deute und Vorratskammern anlege, damit viele Menschen vor dem Hungertod gerettet werden."

Josef verzieh den Brüdern, was sie ihm angetan hatten, und schickte sie mit Benjamin zurück nach Hause. Als Jakob hörte, dass Josef noch am Leben war, freute er sich und dankte Gott. Er nahm alles, was er besaß, und zog damit nach Ägypten. Denn er wollte seinen Sohn wiedersehen. Jakob lebte bis zu seinem Tod bei Josef und musste trotz der Not keinen Hunger leiden.

Moses flieht aus Ägypten

(Exodus 1,1–2,21)

Jakobs Söhne, Enkel und Urenkel lebten weiter in Ägypten und wurden ein großes Volk. Sie nannten sich Israeliten. Doch die Ägypter behandelten sie nicht mehr so freundlich wie zu Jakobs Zeiten. Denn ein neuer Pharao war auf den Thron gestiegen. Er unterdrückte die Israeliten und ließ sie schwer arbeiten.

Damals lebte auch ein Israelit, der Moses genannt wurde. Er war jedoch schon als Findelkind in den Palast des Pharaos aufgenommen worden und wurde gut von den Ägyptern behandelt. Als Moses herangewachsen war, sah er einmal, wie ein ägyptischer Aufseher einen israelitischen Arbeiter schlug. Das machte Moses sehr zornig. Es war ihm, als würde er selbst geschlagen. Er blickte sich rasch um, aber niemand war in der Nähe. Da erschlug Moses den Ägypter. Von diesem Moment an wurde Moses von den Ägyptern verfolgt und musste um sein Leben fürchten. Er floh in ein anderes Land, wo er sich niederließ, die Tochter eines Schafhirten heiratete und selbst Hirte wurde.

Der brennende Dornbusch

(Exodus 3,1–4,17)

Eines Tages trieb Moses seine Schafe auf die Steppe hinaus. In der Ferne sah er einen brennenden Dornbusch. Obwohl der Dornbusch in Flammen stand, verbrannte er nicht. Moses wunderte sich und ging näher heran. Da ertönte die Stimme Gottes: „Höre, Moses, ich, dein Gott, spreche zu dir. Führe dein Volk aus Ägypten. Befreie es von den Ägyptern."

„Wie kann ich mein Volk befreien?", fragte Moses verwundert. „Dazu bin ich viel zu schwach."

„Befreie die Israeliten aus ihrem Elend und der Unterdrückung. Ich werde bei dir sein und dir helfen", antwortete Gott.

„Mein Volk wird nicht glauben, dass du mir erschienen bist", erwiderte Moses. Denn er hatte Angst vor einer so großen Aufgabe. Er fürchtete zu versagen.

„Was hast du in deiner Hand?", fragte Gott.

„Einen Hirtenstab", gab Moses zur Antwort.

„Wirf ihn auf den Boden", befahl Gott.

Als Moses den Stab auf den Boden warf, verwandelte er sich sogleich in eine Schlange. Trotz dieses mächtigen Zeichens zweifelte Moses immer noch.

„Ich bin kein guter Redner", sagte Moses. „Wie kann ich mein Volk davon überzeugen, dass es mit mir kommt?"

„Dein Bruder Aaron ist ein Mann des Wortes", sprach Gott. „Er wird bei dir sein und für dich reden. Du wirst mit dem Stab Zeichen geben. Fürchte dich nicht, ich werde euch auf eurem Weg begleiten."

Moses kehrt nach Ägypten zurück

(Exodus 4,18–14,31)

Als Moses erfuhr, dass alle Männer, die ihn in Ägypten verfolgt hatten, inzwischen gestorben waren, verabschiedete er sich von seinem Schwiegervater.

„Ich möchte wieder nach Ägypten zurück, in das Land, in dem ich aufgewachsen bin", erklärte er ihm.

Dann nahm Moses seine Frau und zog mit einem Esel in seine Heimat zurück. Dort angekommen traf er seinen Bruder Aaron. Dann versammelte er die ältesten Israeliten. Mit Gottes Hilfe überzeugten die beiden Brüder alle Israeliten, die ihnen zuhörten, Ägypten zu verlassen.

Doch als Moses zum Pharao ging und ihn bat, sein Volk ziehen zu lassen, wollte dieser, dass die Israeliten weiter für ihn arbeiteten. Moses warnte den Pharao. Denn Gott hatte angekündigt, schweres Leid über die Ägypter zu schicken, wenn der Pharao sich ihrer Bitte verweigern würde. Aber das Herz des Pharaos war hart. So kamen Krankheit, Tod, eine Mückenplage, schwere Hagelstürme und Viehseuchen zu den Ägyptern. Als schließlich Heuschrecken das ganze Land bedeckten und die Ernte auffraßen, ließ der Pharao nach Moses rufen. Moses hatte Mitleid und wandte sich an Gott und Gott schickte einen starken Wind, der die Heuschrecken davonblies. Aber das Herz des Pharaos war hart wie Stein und er ließ die Israeliten trotz der vielen Plagen immer noch nicht ziehen. Erst nachdem eine große Finsternis über das Land kam und die Menschen in Dunkelheit leben mussten, gab der Pharao endlich nach.

Kaum hatten jedoch die Israeliten Ägypten verlassen, ärgerte er sich schon wieder. „Warum habe ich sie gehen lassen? Wer soll jetzt die ganze Arbeit tun?"

Er überlegte kurz. Dann spannte er seine schnellsten Pferde vor die Wagen und zog mit seinen Soldaten hinterher. Am Meer traf er mit seinem Heer auf die Israeliten. Sie fürchteten um ihr Leben und flehten Gott um Hilfe an.

„Gott wird uns beschützen!", versicherte Moses seinem Volk. „Vertraut auf Gottes Hilfe und tut nichts."

Dann hob Moses seinen Stab und das Meer vor ihm teilte sich. Rechts und links standen die Wellen hoch wie eine Mauer. So zogen die Israeliten auf trockenem Boden durch das Meer ans andere Ufer. Am Ende drehte Moses sich um. Als er sah, dass die Ägypter ihnen immer noch folgten, hob er wieder den Stab. Und das Meer brach in tosenden Wellen über die Ägypter herein, die in den Fluten ertranken. Auf diesem Weg führte Gott die Israeliten aus Ägypten.

Der Weg durch die Wüste

(Exodus 16,1–17,6)

Nach ihrem Auszug aus Ägypten waren die Israeliten heimatlos, auf der Suche nach einem Land, in dem sie in Frieden leben konnten. Ihr Weg führte sie bald durch die Wüste und das Brot, das die Israeliten auf ihren Weg mitgenommen hatten, war schnell verbraucht. Der Hunger wurde größer und größer. Doch da ließ Gott Körner vom Himmel regnen. Die Israeliten konnten sie sammeln und Brot daraus backen. Alle hatten genug zu essen.

Aber dann fanden die Israeliten keinen Brunnen, aus dem sie Wasser trinken und ihre Vorräte auffüllen konnten. Sie bekamen immer größeren Durst und auch größere Zweifel an Moses.

„Warum hast du uns aus Ägypten hinausgeführt? Dort hatten wir wenigstens genug zu essen und zu trinken", beklagte sich einer.

„Hier sterben wir noch alle", rief ein anderer.

Moses flehte Gott an: „Was soll ich nur tun?" Er breitete die Arme zum Himmel aus. „Mein Volk ist verzweifelt. Wir werden verhungern und verdursten! Es dauert nicht mehr lange und mein Volk wird mich töten."

„Geh deinem Volk voraus", antwortete Gott. „Nimm deinen Stab und gehe zu einem Felsen. Schlage mit dem Stab an diesen Felsen und es wird Wasser fließen." Moses folgte Gottes Worten und nahm seinen Stab. Er ging zu einem Felsen und schlug drei Mal dagegen. Er tat, wie Gott ihm gesagt hatte, und aus dem Felsen sprudelte Wasser.

Die Zehn Gebote

(Exodus 19,1–20,17)

Nachdem die Israeliten drei Monate unterwegs waren, gelangten sie in die Wüste Sinai. Die Israeliten schlugen ihre Lager am Fuß eines Berges auf. Wieder sprach Gott zu Moses und befahl ihm, allein auf den Berg zu steigen. Und wieder tat Moses, was Gott ihm gesagt hatte. Als er hinaufging, hüllte sich der Berg in eine weiße Wolke. Auf dem Gipfel gab Gott Moses ein Geschenk für die Menschen, Regeln, nach denen sie leben konnten. Moses fertigte Steintafeln an, auf die Gott die Zehn Gebote schrieb:

1. Ich bin dein Gott. Du sollst neben mir keine anderen Götter anbeten.
2. Mache dir kein Bild von mir.
3. Du sollst meinen Namen ehren und nicht in meinem Namen fluchen.
4. Am siebten Tag in der Woche sollst du dich ausruhen.
5. Liebe deinen Vater und deine Mutter.
6. Du sollst niemanden töten.
7. Du sollst deinem Mann oder deiner Frau treu sein.
8. Du sollst nicht stehlen.
9. Du sollst nicht lügen und über andere etwas Falsches sagen.
10. Du sollst nicht neidisch sein auf das, was andere haben.

Der Tanz um das goldene Kalb

(Exodus 32,1–34)

Die Menschen warteten am Fuß des Berges auf Moses. Aber Moses blieb lange dort oben. Da wurden die Menschen ungeduldig und sprachen zu Moses' Bruder Aaron: „Was macht er so lange auf dem Berg? Vielleicht kommt er gar nicht wieder? Wir wollen einen Gott, den wir sehen und anbeten können, nicht einen Gott, der nur Moses zuhört."

„Sammelt euren goldenen Schmuck ein und bringt ihn mir", antwortete Aaron, der die Unruhe seines Volkes verstand.

Nun trugen alle Ohrringe, Ketten und Armbänder zusammen. Aaron schmolz den Schmuck ein und machte ein goldenes Kalb daraus. Jetzt hatten die Menschen einen Gott, den sie sehen und anfassen konnten. Sie veranstalteten ein großes Fest und sangen und tanzten um das Kalb.

Als Gott dies sah, sprach er zu Moses: „Gehe vom Berg hinunter. Denn die Menschen bringen einem goldenen Kalb Opfer dar und glauben, dieses Kalb habe sie aus Ägypten geführt." Gott war sehr zornig auf die Israeliten, die ihn so schnell vergessen hatten und stattdessen die Figur eines Kalbes anbeteten.

Als Moses den Berg hinabstieg, hörte er schon von Weitem, wie sein Volk lachte und feierte. Da wurde auch Moses sehr wütend. Er lief zum Kalb, packte es und warf es ins Feuer, damit es verbrannte.

„Was macht ihr nur?", rief er wütend. „Warum betet ihr zu einem Kalb und nicht zu Gott?"

Aaron antwortete ihm, das Volk habe nicht mehr länger auf Gottes Hilfe warten wollen und so habe er dieses Kalb geformt. Da erkannte Moses, wie schwer sein Volk Gott beleidigt hatte. Also stieg er wieder auf den Berg. Diesmal wollte er um Vergebung bitten. Und weil es auch sein Volk war, vergab Gott den Israeliten.

„Gehe nun und führe die Israeliten in das Land, das ich euch versprochen habe", sagte er zu Moses. „Mein Engel wird vor dir hergehen und dir den Weg weisen."

Die Truhe

(Exodus 25,8–22; 26,1–6)

Bevor die Israeliten in das Gelobte Land aufbrachen, sprach Gott noch einmal zu Moses: „Baue einen wertvollen Kasten aus Holz. Überziehe ihn dann innen und außen mit reinem Gold und verziere ihn mit Engeln. Befestige Ringe an dem Kasten, durch die man Stangen stecken kann. So könnt ihr den Kasten tragen. In den Kasten lege die Tafeln, auf denen meine Gebote stehen."

Die Israeliten bauten den Kasten so, wie Gott es gesagt hatte. Sie bauten auch ein Zelt aus wertvollen Teppichen. Dort hinein stellten sie die Truhe, wenn sie beten wollten. Damit zogen sie in das Gelobte Land, das Gott ihnen versprochen hatte, und ließen sich nieder.

Rut findet eine Heimat

(Rut 1–4)

Die Israeliten wohnten nun schon lange in ihrem eigenen Land. Sie säten und ernteten ihre Felder und hüteten ihre Schafe in den Tälern. Manchmal jedoch war es heiß und regnete nicht. Dann vertrocknete die Saat auf den Feldern. In solchen Zeiten hatten die Menschen kein Korn, um Brot zu backen, und sie mussten Hunger leiden.

Während einer solchen Hungersnot machte sich ein Mann aus Bethlehem mit seiner Frau und seinen beiden Söhnen auf ins Nachbarland. Dort hatte es geregnet und es gab genügend zu essen. Er ließ sich mit seiner Familie in der Fremde nieder, wo die beiden Söhne später heirateten.

Als schließlich der Vater und die Söhne starben, blieb ihre Mutter, die Noomi hieß, alleine mit ihren Schwiegertöchtern zurück. Ohne ihre Familie vermisste Noomi ihre alte Heimat sehr. So verabschiedete sie sich von ihren Schwiegertöchtern. „Ich gehe wieder nach Bethlehem", sagte sie zu ihnen. „Aber bleibt ihr hier. Heiratet wieder und werdet glücklich."

Eine der Schwiegertöchter blieb zurück. Rut jedoch wollte mit Noomi ziehen.

„Ich werde mit dir gehen", sprach Rut. „Ich will dich nicht allein lassen. Dein Gott soll auch mein Gott sein. Und deine Heimat soll auch meine sein."

So machten sich die beiden Frauen auf den Weg nach Bethlehem. Als sie die Stadt erreichten, wurden gerade die Felder abgeerntet. Rut wollte die Ähren auflesen, die die Bauern liegen ließen, damit sie und Noomi etwas zu essen hatten. Der Besitzer des Feldes namens Boas sah sie dabei. Er sprach mit seinen Knechten und erfuhr, dass Rut seit Tagen von morgens bis abends auf den Feldern die

Ähren einsammelte. Nachdem er sie eine Weile beobachtet hatte, ging er zu ihr. „Gehe nicht auf ein anderes Feld, um Ähren zu lesen", bat Boas sie. „Folge meinen Knechten. Sie werden auf dich aufpassen, damit dir nichts passiert."

„Warum bist du so gut zu mir?", fragte Rut. „Ich bin doch eine Fremde in deinem Land."

„Ich habe gesehen, wie liebevoll du für deine Mutter sorgst", antwortete Boas. „Das gefällt mir."

Als es Mittag war und sich alle zum Essen niederließen, lud Boas Rut ein, sie möge sich neben ihn setzen. Boas gab ihr Brot und Wasser. Rut aß sich satt und konnte sogar noch etwas für ihre Schwiegermutter in die Taschen stecken.

Am Abend ging Rut mit dem Essen zu Noomi und erzählte, was ihr passiert war.

„Was für ein Glück, dass du auf dem Feld Boas' warst", freute sich Noomi. „Ich kenne ihn. Boas ist ein Verwandter von uns."

Rut blieb bis zum Ende der Erntezeit auf Boas' Feld. Die Ernte war gut und so hatten sie und Noomi genug zu essen. Noomi jedoch verriet Rut noch etwas. Auch ihre Familie hatte hier früher ein Feld besessen. Aber sie mussten es verkaufen, um Schulden zu begleichen.

„Frag Boas, ob er uns das Feld zurückverkauft", schlug Noomi Rut vor. „Er mag dich. Vielleicht erfüllt er dir deinen Wunsch."

Rut ging zu Boas und erzählte ihm, dass auch Noomis Familie früher ein Feld auf seinem Land besessen hatte. Weil Boas Rut wirklich sehr mochte, kaufte er das Feld für sie zurück. Dann fragte er sie, ob sie seine Frau werden wolle. Die beiden heirateten und bekamen einen Sohn. So hatte Rut eine neue Heimat in der Fremde gefunden.

David und Goliath

(1. Samuel 17,1–51)

Immer wieder wurden die Israeliten von Feinden umzingelt. Zu der Zeit, als Saul ihr König war, wollten die Philister das Land der Israeliten angreifen. So standen sich eines Tages das Heer des Königs Saul und das Heer der Philister gegenüber. Nur ein Tal trennte die Soldaten, die bis zu den Zähnen bewaffnet und zum Kampf bereit waren.

Die Philister hatten einen Vorkämpfer, der Goliath hieß. Der Riese überragte die anderen Männer um mehrere Köpfe und trug einen Helm und einen schweren Panzer. Um seine Beine waren Schienen und er trug Wurfspieße um die Schultern. Er trat aus den Reihen seiner Soldaten hervor und rief: „Israeliten! Schickt einen eurer Männer her! Wenn er mich besiegt, werden wir für immer eure Knechte sein. Gehe ich jedoch als Sieger aus dem Kampf hervor, dann müsst ihr uns für immer dienen."

König Saul und sein ganzes Volk hörten die Worte. Aber niemand traute sich, gegen diesen Riesen zu kämpfen, der bekanntermaßen schon viele Schlachten gewonnen hatte.

Auch die Brüder von David, einem Schafhirten, die für die Israeliten im Heer standen, hörten Goliaths Vorschlag. Aber auch sie hatten natürlich große Angst vor so einem Kampf.

Nachdem sich die Heere vierzig Tage gegenübergestanden hatten, sagte Davids Vater: „David, ich mache mir Sorgen um deine Brüder im Kampf. Nimm Brot mit und sieh nach ihnen. Ich muss wissen, wie es ihnen geht."

Also nahm David das Brot und lief los. Als er das Heer des Königs erreichte, rückten die Soldaten beider Seiten gerade aus, Kriegsgeschrei ertönte. Trotz des Tumults fand David jedoch seine Brüder. In diesem Moment trat Goliath erneut aus den Reihen und schrie den Israeliten seine Worte entgegen. Auch David konnte sie nun hören. Aber er ließ sich nicht einschüchtern. „Wer ist dieser Kerl, der gegen ein gläubiges Volk Krieg führen will? Gibt es denn niemanden, der gegen ihn kämpft?", fragte er.

„Obwohl der König demjenigen, der gegen Goliath kämpft, Geld und die Hand seiner Tochter angeboten hat, hatte noch keiner den Mut, dem Riesen die Faust zu bieten", gab ein Bruder zurück.

Das wunderte David. War denn nicht Gott auf der Seite seines Volkes? Was sollte dann schon passieren? Wenn kein Soldat den Mut fand, gegen Goliath zu kämpfen, er würde es ihm schon zeigen! Das sagte er jedem, der es hören wollte.

Als König Saul von David erfuhr, ließ er ihn zu sich bringen. „Du kannst im Leben nicht gegen Goliath kämpfen und gewinnen. Du bist doch noch ein Junge, er aber ist ein Krieger."

„Als ich die Schafe meines Vaters hütete, habe ich schon gegen Löwen und Bären gekämpft", antwortete David. „Gott wird mich beschützen."

Weil der König keinen anderen Ausweg sah, stimmte er zögerlich zu: David sollte gegen den Riesen antreten. Dafür ließ der König ihm die beste Rüstung bringen. Aber sie war zu schwer für David. Er stolperte und fiel hin. So musste der König David ohne Rüstung in den Kampf ziehen lassen.

David hatte jedoch seine eigene Waffe. Er suchte sich fünf glatte Steine aus und nahm seine Schleuder. Goliath sah ihn nur ohne Rüstung kommen und schon spottete er: „Bin ich ein Hund? Was willst du Zwerg von mir?"

„Ich komme im Namen Gottes und kämpfe im Namen Gottes", rief David. Goliath schnaubte vor Wut und stürmte auf David zu. Da griff David rasch in seine Tasche. Er nahm einen Stein heraus und schleuderte ihn Goliath entgegen. Der Stein traf mit voller Wucht die Stirn des Riesen, der taumelte und zu Boden stürzte. So am Boden erschien er nun auch nicht mehr größer als David. Schnell lief David auf Goliath zu, zog sein Schwert und schlug ihm damit den Kopf ab. Als die Philister sahen, dass ihr stärkster Mann tot war, bekamen sie schreckliche Angst und ergriffen die Flucht.

David jedoch wurde später zum König der Israeliten.

Das Hirtenlied von König David

(1. Samuel 16,15–23; Psalm 23)

König David spielte oft auf der Harfe. Bereits als junger Mann hatte er das Spiel auf dem Instrument gelernt und viel Zeit mit Musik verbracht. Während er die Schafe weidete, hatte er Lieder geschrieben. David war bekannt dafür, mit seiner Musik Kranke zu heilen. Vielleicht ist auch das Hirtenlied von ihm?

Der Herr ist mein Hirte,
er weidet mich auf der grünen Wiese und
führt mich zum frischen Wasser.
Er erfreut meine Seele und
führet mich auf dem rechten Weg,
wie er es versprochen hat.

Und auch wenn ich schon wandere im finstern Tal,
fürchte ich kein Unglück,
denn du bist bei mir,
dein Stock und Stab trösten mich.
Du deckst den Tisch für mich
vor den Augen meiner Feinde.
Du salbst meinen Kopf mit Öl und
schenkst mir meinen Becher voll ein.
Gutes und Barmherzigkeit werden mir folgen, solange ich lebe,
und ich werde im Hause des Herrn immer wohnen dürfen.

Davids Sohn wird König

(1. Könige 2,10–12; 3,1–15)

König David regierte vierzig Jahre lang. Als er gestorben war, wurde er bei seinen Vätern begraben und sein Sohn Salomo wurde sein Nachfolger.

Salomo heiratete die Tochter des Pharaos, des Königs von Ägypten, und brachte Gott viele Opfer dar. Eines Nachts erschien Gott Salomo im Traum und sagte: „Wenn du eine Bitte hast, werde ich sie dir erfüllen."

„Du hast meinem Vater, dem König David, viel Gutes getan", antwortete Salomo. „Jetzt bin ich auf dem Thron. Aber ich bin noch jung und unerfahren. Oft weiß ich keinen Rat. Und doch bin ich sogar der König eines Volkes, das du, mein Gott, zu deinem gemacht hast. Also bitte ich dich: Gib mir ein achtsames Herz, damit ich zwischen Gut und Böse unterscheiden kann."

Gott gefielen Salomos Worte und er antwortete: „Weil du dir kein langes Leben oder Reichtum oder den Sieg über deine Feinde gewünscht hast, sondern ein gerechter König sein willst, erfülle ich dir deine Bitte. Wenn du dich an meine Gebote hältst, schenke ich dir außerdem ein langes Leben."

Salomo erwachte aus seinem Traum und betete vor den Tafeln, auf die Moses die Zehn Gebote geschrieben hatte. Er wusste nun mit ganzem Herzen, dass Gott bei ihm war, und feierte ein großes Fest, um Gott zu ehren.

Daniel in der Löwengrube

(Daniel 6,2–25)

Lange Zeit regierte in Babylon König Darius, der einen Untertan namens Daniel hatte. Daniel war ein schlauer Mann. Er war so klug, dass die anderen Beamten des Königs neidisch auf ihn waren. Denn der König machte ihn zu seinem wichtigsten Mitarbeiter. Seine Neider warteten nur darauf, dass er einen Fehler machte, um ihn beim König verpetzen zu können. Aber weil Daniel sehr tüchtig und zuverlässig war, fanden sie nichts Schlechtes, das sie ihm nachsagen konnten.

„Irgendetwas müssen wir finden!", überlegten die Beamten eines Tages wieder. „Schließlich irrt sich doch jeder mal." Plötzlich hatten sie eine Idee. Sie gingen zum König und redeten auf ihn ein. „König Darius", sprachen sie. „Es muss ein Gesetz erlassen werden. Jeder, der in den nächsten dreißig Tagen an einen Gott oder Menschen eine Bitte richtet, der möge in eine Löwengrube geworfen werden. Die Menschen sollen sich mit ihren Bitten nämlich nur an dich richten dürfen."

Darius ließ sich von seinen Beamten überzeugen. Er unterzeichnete ein Gesetz, das den Menschen verbot, sich an jemand anderen als an den König persönlich zu wenden.

Auch Daniel hörte von dem Gesetz. Aber er betete weiter drei Mal am Tag und bat seinen Gott um Kraft, Beistand und Stärke. Daniel gelobte, dass Gott sein Herr war, dem er an erster Stelle gehorchen wollte. Das hörten die neidischen Beamten und liefen eilig zum König. „O König! Daniel kümmert sich weder um dich noch um dein Gesetz. Er spricht drei Mal am Tag zu seinem Gott und bittet ihn um vielerlei Dinge. Damit verstößt er gegen dein Gesetz. Wirf ihn den Löwen zum Fraß vor."

Der König wollte seinen besten Mitarbeiter Daniel retten, denn die Strafe kam ihm mit einem Mal sehr hart vor. Aber er saß in einer Zwickmühle. Er selbst hatte das Gesetz erlassen und unterzeichnet. Und wenn selbst der König gegen die Gesetze verstößt, wer sollte sie sonst noch einhalten?

Schließlich musste der König nachgeben und er befahl, Daniel zu holen. „Dein Gott wird dich erretten!", sagte der König zu Daniel. Dann packten ihn die Soldaten des Königs und Daniel wurde in die Löwengrube geworfen. Die Grube wurde fest verriegelt, damit niemand den Gefangenen retten konnte. Die Löwen hatten Hunger und brüllten, als Daniel zu ihnen gebracht wurde. Der König konnte es nicht mit ansehen und zog sich zum Schlafen in seinen Palast zurück. Aber am nächsten Morgen lief er, so schnell er konnte, wieder zur Löwengrube und ließ die Grube öffnen.

„Daniel, hat dich dein Gott vor den Löwen retten können?", rief der König in die Öffnung. Und Daniel antwortete: „Mein Gott hat einen Engel gesandt, der den Rachen der Löwen geschlossen hat. Die Tiere haben mir nichts getan. Denn ich habe mich weder schlecht gegenüber meinem Gott noch gegenüber meinem König verhalten."

Da freute sich der König und befahl, Daniel wieder aus der Grube zu ziehen. Nun ließ der König die Männer zu sich kommen, die Daniel so Böses nachgesagt hatten. Und er warf sie in die Löwengrube.

Jona will vor Gott fliehen

(Jona 1,1–15)

Einmal sprach Gott zu dem Propheten Jona: „Mach dich auf und geh in die Stadt Ninive. Denn die Menschen dort sind schlecht. Erzähle ihnen von mir, damit sie ihr Verhalten ändern und ich sie nicht wegen ihres Handelns bestrafen muss."

Doch Jona hörte nicht auf Gott. Zwar machte er sich auf die Reise, aber er nahm ein Schiff, das nicht nach Ninive, sondern in eine andere Richtung fuhr. Er wollte fort von Gott, weil er weder vorhatte, die Stadt noch ihre Bewohner zu retten. Sie waren keine guten Menschen und lebten nicht in Gottes Sinn. Warum sollte Jona sie also retten?

Als er an Bord des Schiffes war, kam ein großer Sturm auf. Die Wellen auf dem Meer peitschten so heftig, dass sie das Schiff fast zum Kentern brachten. Die Matrosen warfen alles, was sie zu fassen bekamen, ins Meer. Sie wollten das Schiff leichter machen, damit es nicht umkippen konnte. Sie hatten schreckliche Angst, im Meer zu ertrinken. Jona jedoch lag unten in einer Kajüte und schlief.

Der Kapitän wusste, dass Jona ein Prophet war, und er ging zu ihm. „Bete zu deinem Gott, damit wir nicht alle umkommen", flehte er ihn an.

„Ihr werdet nicht umkommen. Nehmt mich! Werft mich ins Meer! Dann wird sich das Meer beruhigen", versicherte ihm Jona. „Denn ich bin schuld an diesem Unglück. Gott sprach zu mir und ich habe nicht auf ihn gehört."

Doch die Matrosen wollten Jona nicht so einfach ins Meer werfen und sie versuchten, mit kräftigen Ruderschlägen, so schnell sie konnten, das rettende Ufer zu erreichen. Doch der Sturm war zu heftig und ließ sie kaum von der Stelle kommen. Schließlich hatten die Männer keine Kraft mehr und sie gaben auf. Sie packten Jona und warfen ihn über Bord. Und kaum hatten die Wellen Jona verschluckt, wurde das Meer ganz ruhig.

Jonas Rettung

(Jona 2,1–11; 3,10)

Als Jona in den Fluten versank, schickte Gott einen riesigen Fisch, um ihn zu retten. Der Fisch öffnete sein Maul und nahm Jona in sich auf. Drei Tage und drei Nächte war er nun in dem Bauch des Tieres. Er betete und dankte Gott dafür, dass er ihn gerettet hatte. Schließlich gab Gott dem Fisch ein Zeichen und der spuckte Jona aufs Land.

Nun befahl Gott Jona zum zweiten Mal: „Steh auf und geh nach Ninive, der großen Stadt. Sprich dort mit den Menschen und gebrauche dabei meine Worte. Rede so, wie ich es dir sagen werde."

Diesmal hörte Jona auf Gott und ging auf direktem Weg nach Ninive. Dort predigte er drei Tage lang. Er staunte darüber, dass die Menschen sofort auf ihn hörten und ihr Verhalten änderten. Sie fasteten und bereuten, was sie getan hatten. Auch ihr König aß und trank nichts mehr in der Hoffnung, dass Gott ihm und seinem Volk all ihre bösen Taten vergeben würde. Als Gott dies sah, verzieh er und verschonte Ninive und seine Bewohner.

Jona ist unzufrieden

(Jona 4)

Jona gefiel es überhaupt nicht, dass Gott die Bewohner von Ninive gerettet hatte. Hatten sie denn nicht eine gerechte Strafe für ihr sündiges Verhalten verdient? So betete er zu Gott: „Ich bin damals geflohen, weil ich wusste, dass du ein guter Gott bist. Ich wollte nicht, dass du der Stadt Ninive ihre Sünden vergibst. Wenn ich es deshalb nicht mehr wert bin, dir zu dienen, so nimm mein Leben."

„Wer gibt dir das Recht, zornig zu sein?", fragte Gott.

Jona antwortete nicht, sondern ging zur Stadtgrenze, weil er sich dort eine Hütte bauen wollte. Er wollte zusehen, was weiter mit der Stadt geschah.

Gott ließ einen hohen Strauch vor der Hütte wachsen, der Jona Schatten spendete, denn in diesen Tagen war es sehr heiß. Jona freute sich sehr über diesen Strauch. Nun schickte Gott einen Wurm, der den Strauch auffraß. Die Sonne brannte sofort unbarmherzig vom Himmel und Jona hatte keinen Schatten mehr, in den er sich setzen konnte. Er fühlte sich immer elender.

„Bist du traurig, weil der Strauch eingegangen ist?", wollte Gott von ihm wissen.

„Ach, am liebsten möchte ich sterben", gab Jona schwach zurück.

„Also bist du traurig wegen eines Strauches, den du nicht geschaffen hast. Du hast ihn nicht wachsen lassen, du hast ihn nicht großgezogen und du hast dich nicht um ihn gesorgt. Wie traurig wäre ich wohl gewesen, wenn die Menschen und die Tiere in Ninive gestorben wären?"

Da verstand Jona endlich, was Gott meinte.

Neues Testament

Maria und der Engel

(Lukas 1,26–38)

Gott schickte einen seiner größten Engel auf die Erde, den Engel Gabriel. Denn er hatte eine sehr wichtige Botschaft für eine junge Frau, die Maria hieß. Sie lebte in der Stadt Nazareth und war mit Josef, einem Zimmermann, verlobt.

Gabriel ging also zu Maria, die gerade in ihrem Zimmer war und nähte, als er eintrat.

„Sei gegrüßt", sagte der Engel. „Gott hat mich zu dir geschickt. Er hat Großes mit dir vor." Maria erschrak so sehr über seine Worte, dass sie ihre Nadel fallen ließ. Denn sie wusste nicht, was der Engel meinte, und sie war noch nie einem Engel begegnet.

„Fürchte dich nicht", sagte Gabriel und strahlte dabei so hell und warm wie ein Sonnenstrahl. Da wurde Maria ganz ruhig. „Gott liebt dich. Du wirst einen Sohn zur Welt bringen und du sollst ihm den Namen Jesus geben. Er wird herrschen bis in alle Ewigkeit."

„Wie soll das möglich sein? Ich bin doch noch nicht mit Josef verheiratet. Wir leben auch gar nicht zusammen und teilen nicht das Bett." Maria war ratlos. Was sollten die Worte des Engels nur bedeuten?

„Für Gott ist nichts unmöglich", erklärte ihr Gabriel. „Dein Sohn wird Sohn Gottes genannt werden."

„Wenn Gott es so möchte, werde ich gehorchen", antwortete Maria, denn sie vertraute dem Engel. Und obwohl seine Worte ihr immer noch fremd waren, fühlte sie, dass Gott es gut mit ihr und allen Menschen meinte.

Die Geburt von Jesus

(Lukas 2,1–7)

Maria war im neunten Monat schwanger. Schon bald würde ihr Kind zur Welt kommen. Da erreichte sie und Josef die Nachricht, dass der Kaiser alle Menschen in seinem Land zählen würde. Denn er wollte von jedem Untertan ein wenig Geld einfordern. Dafür sollten alle in ihre Heimatstadt ziehen.

Maria und Josef lebten zu dieser Zeit in Nazareth und mussten nach Bethlehem laufen. Das war ein langer Weg, besonders für Maria, die das Kind in ihrem Bauch trug. Nach einigen Tagen kamen sie müde und erschöpft in Bethlehem an. Es war schon spät und dunkel. Josef suchte einen Platz, wo sie übernachten konnten. Er klopfte an die Türen und bat: „Bitte, lasst uns hinein. Meine Frau ist schwanger. Wir brauchen einen Schlafplatz."

Aber niemand ließ Maria und Josef hinein.

Endlich sagte ein Mann zu Josef: „In mein Haus lass ich euch nicht. Aber ihr könnt in meinem Stall schlafen, da ist es warm. Legt euch neben den Ochsen und den Esel ins Stroh."

Maria und Josef waren froh, dass sie einen Ort gefunden hatten, wo sie sich ausruhen konnten. Sie gingen in den Stall, legten sich zu den Tieren ins Stroh und schliefen sofort ein. Doch bald wachten sie wieder auf, denn Maria hatte starke Schmerzen. Es war Zeit für das Kind, das Licht der Welt zu erblicken. Und wie der Engel Gabriel versprochen hatte, bekamen sie einen Sohn, den Maria in Windeln wickelte. Dann legte sie ihn in eine Futterkrippe. Maria und Josef wussten nicht, dass Gott einen Stern über dem Stall leuchten ließ und Engel auf die Erde schickte, die den Menschen von der Geburt ihres Sohnes berichten würden.

Die Frohe Botschaft

(Lukas 2,8–19)

Die Nacht, in der Jesus geboren wurde, hüllte die Erde ein wie ein schwarzes Tuch. Der Mond versteckte sich hinter den Wolken. Kein Stern funkelte am Himmel. Es war so dunkel, dass man die Hand vor den Augen nicht sah, und so still, dass man keinen Grashalm im Wind rascheln hörte.

In dieser Nacht saßen drei Männer frierend um ein kleines, schwaches Feuer und hüteten auf einer Weide ihre Schafe.

„Jetzt ist das Feuer ganz ausgegangen", sagte einer der Hirten auf einmal und stocherte mit einem Ast in der Asche.

„So kalt wie heute Nacht war es schon lange nicht mehr", meinte ein anderer. Dabei zog er die Decke fest um seine Schultern. „Warum sitzen wir nicht in einer warmen Hütte und essen eine Suppe?"

„Weil wir keine Hütte und kein Essen haben", erklärte der dritte Hirte, dem sein großer Hut bis tief in die Stirn reichte. „Wir haben nur unsere Schafe und ein paar löchrige Decken."

Die Männer ließen die Köpfe hängen und starrten in die Finsternis.

„Wenn doch wenigstens der Mond scheinen und die Sterne funkeln würden", sagte der dritte Hirte und rieb sich die klammen Hände. „Heute Nacht ist es so dunkel und still, als ob die Welt untergehen würde."

Kaum hatte er diese Worte ausgesprochen, sprang ein Funke aus der Feuerstelle ins trockene Gras der Weide. Aus dem Funken wurde ein kleines Feuer. Und aus dem Feuer schoss eine riesige Flamme hervor, die die Hirten mit ihrem hellen Licht blendete. Nun bekamen sie es mit der Angst zu tun. Doch da trat ein Engel aus dem Licht hervor und sprach zu ihnen: „Fürchtet euch nicht! Heute ist ein Kind geboren, der Sohn Gottes."

Verwundert standen die Hirten auf. Sie blickten den Engel an und sofort verschwand ihre Angst. Stattdessen breitete sich tiefe Wärme und große Freude in ihren Herzen aus.

„Macht euch auf den Weg und sucht den Sohn Gottes", sprach der Engel weiter. „Er heißt Jesus Christus und ihr werdet ihn in einem Stall nahe der Stadt Bethlehem finden."

Die Hirten konnten kaum glauben, was sie hörten. Aber plötzlich erschien ihnen noch ein Engel, und dann noch einer, und schließen standen unendlich viele vor den Hirten und sangen mit ihren Engelsstimmen: „Der Friede ist auf der Welt und mit den Menschen."

Schließlich breiteten die Engel ihre Flügel aus und flogen wieder hinauf in den Himmel. Die drei Hirten schauten ihnen nach und staunten.

Noch in derselben Nacht zogen die Männer los. Die Wolken hatten sich auseinandergeschoben und so konnten sie einem hellen Stern folgen, der ihnen am Himmel den Weg nach Bethlehem zeigte. Die drei Hirten fühlten dabei einen tiefen Frieden in sich, genau so, wie die Engel gesagt hatten. So kamen sie nach Bethlehem und fanden den Stall. In dem Stall stand eine Krippe mit Heu und in der Krippe lag ein Kind. Als die Hirten Jesus erblickten, wussten sie, dass der Sohn Gottes wirklich geboren war. Sie sahen, dass er genauso arm wie sie selbst war und trotzdem mehr als genug zum Leben hatte. Die Hirten traten ein, begrüßten Maria, Josef und ihren kleinen Sohn. Sie erzählten von ihrer Reise und den Engeln auf dem Feld. Und Maria bewahrte die Worte der Hirten fest in ihrem Herzen auf.

Die Weisen aus dem Morgenland

(Matthäus 2,1–12)

Der helle Stern über dem Stall leuchtete so weit, dass er in allen Ländern zu sehen war. Und so sahen ihn auch drei Sternenforscher. Weil sie sehr klug und belesen waren, wussten sie, dass der Stern die Geburt eines neuen Königs anzeigte. Schnell packten die drei Geschenke für ihn ein und verließen ihre Heimat, das Morgenland, um dem hellen Stern zu folgen.

Auf ihrem Weg kamen sie nach Jerusalem. Dort regierte der König Herodes. Die weisen Männer fragten ihn: „Wo ist der neue König? Wir wollen zu ihm, um ihm unsere Geschenke zu geben und uns vor ihm zu verneigen. Deswegen folgen wir dem hellen Stern am Himmel. Nur wissen wir nicht, wo genau er uns hinführt."

Herodes erschrak fürchterlich. Er wusste nichts von einem neuen König und er wollte der einzige König weit und breit sein und für immer bleiben. Aber er wollte auch herausfinden, ob dieser neue König schon mächtiger war als er selbst und ob er ihm gefährlich werden konnte. Herodes befragte in Windeseile alle klugen Menschen in Jerusalem und bald erfuhr er, dass der neue König in Bethlehem geboren worden war. Mit diesem Wissen ersann er einen gemeinen Plan: Herodes ließ die Weisen aus dem Morgenland noch einmal zu sich kommen. „Geht nach Bethlehem", befahl er den weisen Männern. „Dort lebt der neue König. Dann kehrt wieder zurück und berichtet mir, was ihr erfahren und gesehen habt. Denn auch ich will den neuen König besuchen und ihm meine Ehre erweisen."

So zogen die drei Männer aufgeregt weiter und kamen schließlich am Stall in Bethlehem an. Die Weisen knieten sich vor Jesus, um zu beten. Und sie beschenkten den Sohn Gottes mit Weihrauch, Myrrhe und Gold.

In der folgenden Nacht jedoch träumten sie, dass sie nicht wieder zu Herodes zurückkehren sollten. Deswegen machten sie auf ihrem Rückweg einen großen Bogen um Jerusalem. Denn sie ahnten, dass Herodes sie belogen hatte. Er wollte Jesus nicht besuchen, sondern ihm Böses antun.

Die Flucht nach Ägypten und die Rückkehr nach Israel

(Matthäus 2,13–23)

Herodes erfuhr, dass die drei Weisen nicht zu ihm zurückgekehrt waren. Dabei hatte er ihnen doch befohlen, ihm von der Geburt des neuen Königs zu berichten! Herodes wurde deshalb sehr zornig. Er überlegte, wie er sich an den Weisen rächen und wie er dem neugeborenen König schaden konnte.

Um Maria, Josef und Jesus vor Herodes zu schützen, schickte Gott einen Engel auf die Erde. Der Engel erschien Josef im Traum und sagte: „Steh auf, nimm dein Kind und Maria und flieh in ein anderes Land, flieh nach Ägypten. Denn Herodes will euch Böses. Er will Jesus finden und ihn töten. Bleibt so lange in Ägypten, bis ich dir etwas anderes sage." Sofort weckte Josef Maria. Sie packten ihre Sachen zusammen, wickelten Jesus in ein Tragetuch und machten sich noch in derselben Nacht auf den Weg nach Ägypten.

Es wurde eine lange und beschwerliche Reise.

Maria war noch sehr erschöpft, denn sie hatte gerade ein Kind geboren. Aber nach vielen heißen Tagen und kalten Nächten erreichten sie schließlich Ägypten und ließen sich dort nieder.

Herodes jedoch schickte seine Soldaten aus, um nach dem neuen König zu suchen. Aber er wusste immer noch nicht genau, wo Jesus war, wie die Eltern hießen und wie Jesus aussah. Deswegen ließ er alle Jungen in Jesus' Alter töten.

Die Zeit verging und nach einigen Jahren starb Herodes. Da schickte Gott wieder einen Engel zu Josef. Diesmal sagte der Engel zu Josef im Traum: „Steh auf, nimm dein Kind und Maria und geh in das Land Israel. Denn Herodes ist tot." Wieder gehorchte Josef und zog mit Maria und Jesus nach Israel und von dort noch weiter in die Stadt Nazareth.

Jesus ist zwölf Jahre alt

(Lukas 2,41–50)

Seit ihrer Rückkehr aus Ägypten lebte Jesus mit seinen Eltern in Nazareth. Wie jeder andere Junge in seinem Alter spielte er mit den Nachbarskindern, lernte fleißig und schaute seinem Vater dabei zu, wie er Häuser baute.

Jedes Jahr im Frühjahr gingen Maria und Josef nach Jerusalem, denn dort wurde zu Ostern in einem Tempel ein großes Fest gegeben. Als Jesus zwölf Jahre alt war, durfte er das erste Mal mit seinen Eltern reisen. Er freute sich riesig und sie feierten mit allen, die dort waren. Nach dem Fest machten sich die Menschen in großen Gruppen wieder auf den Heimweg. Die Erwachsenen gingen zusammen und redeten miteinander und die Jugendlichen und Kinder spielten, lachten und folgten ihren Eltern und Verwandten.

Als es Abend war und die Nachtlager errichtet wurden, fiel Maria auf, dass Jesus nicht mehr bei den anderen Kindern war. Voller Sorge fragte sie ihren Mann: „Josef, hast du Jesus gesehen?" Doch auch Josef wusste nicht, wo Jesus war. Verzweifelt suchten die Eltern ihren Sohn. Aber sie fanden ihn nicht. Außer sich vor Angst wanderten sie wieder zurück nach Jerusalem und befragten dort die Menschen: „Habt ihr unseren Sohn Jesus gesehen?" Doch niemand wusste, wo Jesus war. Schließlich gingen Josef und Maria noch einmal in den Tempel, in dem sie am Tag zuvor gefeiert hatten. Und tatsächlich, dort fanden sie ihn! Die Eltern staunten, als sie sahen, was Jesus dort machte: Ihr Sohn saß in einem Kreis und unterhielt sich mit weisen Männern. Dabei war er doch erst zwölf Jahre alt! Alle wunderten sich über die schlauen Fragen, die er stellte, und noch mehr über die klugen Antworten, die er gab. Die Männer waren schon sehr alt und hatten viel gelesen und gelernt. Doch konnte Jesus so viel wissen? Als seine Eltern die Worte ihres Sohnes hörten, trauten sie ihren Ohren nicht. Aber weil sie so viel Angst um ihn gehabt hatten, fragte Maria trotz ihres Staunens: „Warum bist du von uns weggegangen? Wir sind fast umgekommen vor Schmerz und Sorge um dich. Wir dachten schon, dass wir dich nie mehr sehen werden."

„Wusstet ihr denn nicht, dass ich im Haus meines Vaters bin?", fragte Jesus zurück.

Maria und Josef verstanden ihn nicht richtig. War denn nicht Josef sein Vater? War denn nicht das Haus, in dem sie in Nazareth lebten, sein Zuhause? Trotzdem wussten die beiden in dem Moment, dass Jesus sie nicht hatte ängstigen oder ärgern wollen, sondern dass ihr Sohn anders als andere Kinder und ein ganz besonderer Mensch war.

Jesus wird getauft

(Matthäus 3; Markus 1,4–11)

Zur selben Zeit wie Jesus lebte auch Johannes. Er wohnte in der Wüste und trug einen weiten Mantel aus Kamelhaaren, der mit einem Gürtel zusammengehalten wurde. In der Wüste gab es nicht viel zu essen. Deswegen ernährte sich Johannes von Heuschrecken und wildem Honig. Johannes betete oft zu Gott und viele Menschen kamen zu ihm, um sich taufen zu lassen. Dann sprach er zu ihnen: „Das Himmelreich ist nah! Bereut, wenn ihr etwas Böses getan habt, und werdet bessere Menschen. Bald wird jemand kommen, der stärker ist als ich. Er ist so mächtig, dass ich es kaum wert bin, ihm die Schuhe zu tragen. Ich taufe euch mit Wasser. Aber er wird euch mit dem Geist Gottes taufen."

Dann kam Jesus zu ihm, um sich von Johannes taufen zu lassen. Johannes wunderte sich über Jesus' Bitte. Denn sollte nicht er, Johannes, von Jesus getauft werden? Aber Jesus sprach: „Taufe mich, denn es ist Gottes Wille."

Also stiegen die beiden in einen Fluss und Johannes taufte Jesus. Als er Wasser über seinen Kopf rinnen ließ, öffnete sich der Himmel und der Heilige Geist kam wie eine Taube zu ihnen herunter. Und Gott sprach: „Mein geliebter Sohn wird heute getauft. Und was er tut, bereitet mir große Freude."

Jesus in der Wüste

(Lukas 4,1–13)

Nachdem Jesus getauft war, lebte er noch vierzig Tage in der Wüste. Während dieser Zeit fastete er. Deswegen hatte er großen Hunger, als er Besuch vom Teufel bekam.

„Wenn du Gottes Sohn bist, dann befiehl doch einem Stein, dass er sich in Brot verwandle", forderte ihn der Teufel auf. „Oder kannst du keine Wunder wirken?"

Doch Jesus antwortete: „Der Mensch lebt nicht vom Brot allein, sondern auch durch Gott, durch Gottes Liebe und durch Gottes Worte."

Die Antwort ärgerte den Teufel. Aber er gab nicht auf. Er führte Jesus auf einen Berg und zeigte ihm die Landschaft, die vor ihnen lag. „Ich will dir alles geben, was vor dir liegt. Die ganzen Länder, die du siehst, und ich will dir große Macht verleihen", flüsterte der Teufel Jesus ins Ohr. „Aber dafür musst du mir dienen."

„Ich diene nur Gott, meinem Herrn", antwortete Jesus.

Diese Antwort ärgerte den Teufel noch mehr. Nun führte er Jesus nach Jerusalem. Er stieg mit ihm auf das Dach eines Tempels und wollte ihn ein drittes Mal verführen.

„Wenn du Gottes Sohn bist, stürze dich hinunter", sagte der Teufel. „Denn es wird dir nichts passieren. Gott wird Engel schicken, die dich tragen."

Jesus aber antwortete: „Du sollst Gott, deinen Herrn, nicht auf die Probe stellen."

So fiel Jesus nicht auf die Fallen des Teufels herein und der ließ ihn endgültig in Ruhe.

Jesus und die ersten Jünger

(Lukas 5,1–11)

Jesus betete und sprach oft mit den Menschen über Gott. Einmal stand er am Ufer eines Sees und es versammelten sich wieder viele Menschen um ihn. Sie drängten ganz dicht an ihn heran. Da sah Jesus zwei Fischer, die am Strand ihre Netze auswuschen. Er bat einen von ihnen, den Fischer Simon, mit ihm ein Stück hinaus auf den See zu fahren. Simon nahm sein Boot und stieg mit Jesus hinein. Dann stieß er vom Ufer ab und sie fuhren einige Meter auf den See hinaus. Jetzt konnte Jesus vom Boot aus zu den Menschen predigen. Danach sagte er zu Simon und einem anderen Fischer namens Andreas: „Fahrt noch einmal hinaus ins tiefe Wasser und werft eure Netze aus."

„Meister, wir haben uns schon die ganze Nacht abgemüht und nichts gefangen", antwortete Simon. „Aber wenn du es sagst, werden wir es noch einmal versuchen."

Also fuhren Simon und Andreas ein zweites Mal hinaus. Und tatsächlich! Die beiden fingen so viele Fische, dass sie zwei andere Fischer beim Einholen ihrer vollen Netze um Hilfe bitten mussten. So kamen die Männer mit zwei vollen Booten zum Ufer zurück. Die Fischer freuten sich über ihren Fang, aber sie waren auch erschrocken.

Da sprach Jesus zu ihnen: „Fürchtet euch nicht! Von nun an werdet ihr keine Fische, sondern viele Menschen fangen, damit sie das Wort Gottes hören."

So ließen Simon, Andreas und mit ihnen Jakobus und Johannes alles hinter sich und wurden die ersten Jünger von Jesus.

Jesus heilt einen Gelähmten

(Markus 2,1–12; Lukas 5,17–26)

Jesus wirkte viele Wunder. Schnell verbreitete sich, dass er auch Kranke heilen konnte. Eines Tages kamen viele Menschen an seine Tür. Alle wollten von ihm gesund gemacht werden. Unter ihnen waren auch vier Männer, die einen Gelähmten auf einer Bahre mit sich trugen.

„Wir wollen zu Jesus! Macht Platz! Lasst uns hindurch!", riefen sie.

Aber die anderen Menschen warteten schon länger und wollten, dass sich die Männer mit der Bahre hinter ihnen in die Schlange stellten. Als die Männer merkten, dass kein Durchkommen war, stiegen sie mit der Bahre aufs Dach. Oben entfernten sie so viel Lehm und Schilf, bis ein großes Loch im Dach klaffte. Durch die Öffnung ließen sie die Bahre hinunter, sodass der Gelähmte direkt vor Jesus auf dem Boden landete.

„Jesus, bitte heile den Gelähmten", sprach einer der Männer vom Dach aus. „Nur du kannst ihm helfen."

Jesus war von dem Glauben der Männer und ihrem Vertrauen in ihn beeindruckt. Er wandte sich zu dem Gelähmten und sagte: „Deine Sünden sind dir vergeben."

Im Haus waren aber auch einige Schriftgelehrte. Ihnen gefielen die Worte Jesus' nicht. Denn wer außer Gott konnte Sünden vergeben? Jesus bemerkte ihre Ablehnung, deswegen fragte er sie: „Was ist leichter, zu dem Gelähmten zu sagen: Deine Sünden sind dir vergeben – oder zu sagen: Steh auf, nimm deine Bahre und geh umher?"

Da wurden die Schriftgelehrten unsicher. Denn sie wussten nicht, wie sie das

Gesagte zu verstehen hatten. Jesus aber sprach weiter: „Damit ihr wisst, dass der Sohn Gottes die Macht hat, Sünden zu vergeben, werde ich den Gelähmten heilen."

Wieder wandte er sich dem Gelähmten zu und sprach: „Steh auf, nimm deine Bahre und geh heim." Da stand der Gelähmte auf, nahm seine Bahre und ging nach Hause. „Glaubt ihr jetzt, dass ich auch Sünden vergeben kann?", fragte Jesus.

„Wir haben noch nie etwas so Wunderbares erlebt!", antworteten die Schriftgelehrten.

Und alle im Raum, die die Heilung des Gelähmten gesehen hatten, lobten Gott.

Die Hochzeit in Kana

(Johannes 2,1–11)

Maria, die Mutter Jesus', war zu Gast bei einer Hochzeit in Kana. Auch Jesus und seine Jünger waren eingeladen. Nun kamen mehr Gäste, als von den Gastgebern erwartet wurden, und bald war der ganze Wein ausgetrunken.

„Was sollen wir jetzt nur tun?", fragten sich die Braut und der Bräutigam verzweifelt. „Ausgerechnet an unserer Hochzeit haben wir nicht genug Wein für alle. Womit können wir unsere Gäste jetzt bewirten?"

Auch Maria hatte bemerkt, dass nicht mehr genug zu trinken da war. „Die Gastgeber haben keinen Wein mehr", flüsterte sie ihrem Sohn zu. Im Stillen hoffte sie, dass Jesus ihnen durch ein Wunder helfen könnte. Jesus aber antwortete ihr: „Meine Stunde ist noch nicht gekommen."

Maria stand auf und suchte die Diener des Hauses. „Alles, was Jesus euch später sagen wird, das tut einfach", sprach sie zu ihnen.

Im Haus waren sechs Wasserkrüge aufgestellt. Damit wuschen sich die Gäste, wie es auf solchen Festen Brauch war. Als Jesus bereit war, winkte er die Diener herbei und zeigte auf die großen Gefäße aus Stein.

„Füllt diese Krüge wieder bis zum Rand mit Wasser auf", bat er. Die Diener beeilten sich und schütteten frisches Wasser in die Krüge.

„Nehmt nun einen Becher, befüllt ihn und bringt ihn dem Koch, damit er aus dem Becher probieren kann", befahl Jesus den Dienern. Wieder taten die Diener das, was Jesus ihnen gesagt hatte, und liefen in die Küche. Der Koch nahm den Becher, trank einen Schluck und konnte es kaum glauben. So einen leckeren Wein hatte er noch nie getrunken! Erstaunt rief er den Bräutigam zu sich.

„Jeder schenkt zuerst den guten Wein aus und später am Abend, wenn die Gäste schon müde sind, den schlechteren", sagte er verwundert. „Du aber hast den guten Wein bis jetzt aufgehoben."

Nachdem der Bräutigam aus dem Becher probiert hatte, wunderte auch er sich. Woher kam der köstliche Wein plötzlich? Doch die Diener erklärten ihm, was Jesus ihnen aufgetragen hatte, und der Bräutigam verstand, dass Jesus das Wasser in Wein verwandelt hatte. Auch die Jünger erkannten dieses Wunder, das Jesus vollbracht hatte, und ihr Glaube an ihn wurde noch stärker.

Die Bergpredigt

(Matthäus 4,23–5,1,13–16; 6,7–14; 6,25–34)

Jesus wanderte durch das ganze Land und seine Jünger folgten ihm. Bald schon hatten sich ihm viele Männer und Frauen angeschlossen. Überall, wo Jesus von Gott und dem Himmelreich sprach, ließen die Menschen alles stehen und liegen und kamen in Scharen, um ihm zuzuhören. Jesus heilte Blinde, Aussätzige, Gelähmte und Besessene. Er heilte alle, die Schmerzen hatten und Qualen litten. Als er eines Tages wieder eine große Menschenmenge sah, die darauf wartete, sein Wort zu hören, stieg er auf einen nahen Berg und setzte sich auf einen Felsen. Wie so oft sprach er zu den Menschen davon, dass sie gerecht und friedlich leben und sich lieben sollen. Er bat sie, wie das Salz und das Licht zu sein. Denn nur das Salz macht das Essen schmackhaft und nur das Licht leuchtet in der Dunkelheit. Und nur die Liebe macht das Leben für die Menschen lebenswert.

Jesus lehrte die Menschen auch, richtig zu beten. „Wenn ihr zu eurem Vater sprecht, dann plappert nicht. Redet keine unnützen Worte. Denn euer Vater weiß ohnehin, was ihr braucht", erklärte er.

Dann schenkte Jesus der Menge ein Gebet, das schon vielen Menschen in Not geholfen und Trost gespendet hat.

Unser Vater im Himmel,
geheiligt werde dein Name,
dein Reich komme,
dein Wille geschehe
wie im Himmel, so auf Erden.

Unser tägliches Brot gib uns heute
und vergib uns unsere Schuld,
wie auch wir vergeben unsern Schuldigern.
Und führe uns nicht in Versuchung,
sondern erlöse uns von dem Bösen.
Denn dein ist das Reich
und die Kraft
und die Herrlichkeit
in Ewigkeit.
Amen.

Dann ermutigte Jesus die Menschen, sich keine Gedanken darüber zu machen, was sie morgen essen und anziehen würden. Denn für all das sorgt Gott, der die Wünsche jedes Einzelnen ganz genau kennt. Wenn die Menschen nur zu Gott beten und ein gerechtes Leben führen, wird ihnen alles gegeben, was sie benötigen.

Die Geschichte vom Sämann

(Lukas 8,4–15)

Wieder wanderte Jesus mit seinen Jüngern und einigen Frauen, die er geheilt hatte, durch Städte und Dörfer. Viele Menschen strömten herbei, um ihn zu hören.

Einmal erzählte Jesus die Geschichte von einem Sämann, der seinen Acker bestellte. Als der Bauer seinen Samen ausstreute, fielen einige Körner auf den Weg. Im Laufe der Zeit wurden diese Körner zertreten oder von Vögeln aufgefressen. Andere Körner fielen auf steinigen Boden. Zwar wuchsen noch Halme aus den Körnern, aber sie vertrockneten im Sonnenschein, weil die Körner nicht in feuchter Erde steckten. Wieder andere Körner fielen unter Dornenranken. Auch hier trieben die Körner aus, aber die Dornen wuchsen schneller und erstickten die kleineren Pflanzen. Aber es fielen auch Körner auf fruchtbaren Boden. Hier wuchsen die Pflanzen schnell und die Ähren brachten dem Sämann eine reiche Ernte.

Nachdem Jesus die Geschichte beendet hatte, rief er: „Wer Ohren hat zu hören, der höre!" Denn er wollte, dass die Menschen ihm gut zuhörten. Weil diese Er-

zählung für ihr Leben wichtig war, mussten die Menschen wirklich verstehen, was er ihnen damit sagen wollte. Seine Jünger fragten schließlich nach der Bedeutung der Geschichte von den Saatkörnern. Und Jesus erklärte, dass seine Worte bei den Menschen auf unterschiedlichen Boden fallen.

„Es gibt Menschen, die die Worte Gottes hören, aber sie nicht mit ganzem Herzen aufnehmen", begann er. „Deswegen vergessen sie sie gleich. Dann gibt es Menschen, die das Wort Gottes hören und mit Freude in sich aufnehmen, so, wie die Körner auf felsigem Boden erst einmal Halme treiben. Diese Menschen vergessen die Worte aber wieder, sobald sie mit etwas beschäftigt sind, das ihnen wichtiger erscheint. Dann gibt es Menschen, die die Worte Gottes hören, denen Geld, Kleidung und Essen wichtiger sind als alles andere. So werden die Worte Gottes erstickt, wie ein Dornenbusch eine kleinere Pflanze erstickt. Es gibt aber auch Menschen, die hören das Wort Gottes und verstehen es. Sie bewahren die Botschaft tief in ihrem Herzen auf und erzählen sie weiter. Dann vermehren sich die Worte wie die Früchte eines Korns, das auf fruchtbarem Boden ausgesät wurde und zu einer Pflanze herangewachsen ist."

An diesem Tag fielen die Worte auf fruchtbaren Boden. Die Menschen bewahrten Jesus' Botschaft tief in ihren Herzen auf und erzählten sie weiter, sodass seine Worte viele Früchte trugen.

Jesus heilt einen Knecht

(Matthäus 8,5–13; Lukas 7,1–10)

Einmal kam ein Hauptmann zu Jesus. „Herr, mein Knecht liegt zu Hause", sagte er. „Er ist gelähmt und hat große Schmerzen."

„Soll ich kommen, um ihm zu helfen?", fragte Jesus.

Doch der Hauptmann antwortete: „Herr, du musst dich nicht auf den weiten Weg zu meinem Haus machen. Viele Menschen benötigen deine Hilfe und deine Zeit ist knapp. Aber sprich nur ein Wort und so wird mein Knecht gesund."

„Du glaubst also, dass ich deinen Knecht heilen kann, obwohl ich ihn nie gesehen habe?", fragte Jesus.

„Auch ich bin ein Mann, der Soldaten Befehle erteilt. Sage ich zu einem ‚Geh!', so geht er. Sage ich zu einem anderen ‚Komm!', dann kommt er", gab der Hauptmann zurück.

Jesus wunderte sich, als er diese Worte hörte. Denn viele Menschen sahen seine Wunder oder hörten von ihnen. Trotzdem zweifelten sie oft an dem, was er sagte. Aber dieser Hauptmann, der jetzt vor ihm stand, war voller Überzeugung, dass er seinen Knecht mit einem Wort retten konnte. Da sprach Jesus zu dem Hauptmann: „Geh. Es soll so geschehen, wie du geglaubt hast."

Noch in derselben Stunde wurde der Knecht geheilt.

Die Heilung des Blinden

(Markus 10,46–52; Lukas 18,35–43)

Bei einer seiner Wanderungen kam Jesus mit seinen Jüngern auch in die Stadt Jericho. Dort auf der Straße, mitten im Dreck, saß ein Bettler. Er war in Lumpen gekleidet und trug eine Binde um die Augen. Denn er war blind. Die Menschen um ihn herum riefen plötzlich: „Da kommt der Sohn Gottes!" und „Jesus heilt die Kranken!"

Als Bartimäus, der Blinde, die Schritte von Jesus näher kommen hörte, schrie er aus vollem Hals: „Jesus, habe Mitleid mit mir. Hilf mir! Ich will sehen können!"

Die Menschen, die neben Bartimäus standen, fuhren ihn an: „Halt den Mund! Du bist doch nur ein elender Bettler! Lass Jesus in Ruhe."

Aber Jesus, der Bartimäus' Worte gehört hatte, blieb stehen und sagte: „Schickt den, der so laut meinen Namen ruft, zu mir!"

„Steh auf", sagten die Menschen nun zu dem blinden Bettler. „Jesus ruft dich!" Und sie halfen ihm hoch und führten ihn hin.

„Was willst du von mir?", fragte Jesus. „Was soll ich tun?"

„Ich will wieder sehen können", bat der Blinde.

„Dein Glaube hat dich geheilt", sagte Jesus. „Du kannst wieder sehen."

Bartimäus nahm die Binde von seinen Augen. Er rieb seine Lider und sah. Von da an folgte auch er Jesus überallhin.

Jesus spricht mit Wind und Wellen

(Matthäus 8,23–27; Markus 4,35–41)

Eines Abends sagte Jesus zu seinen Jüngern, dass er ans andere Ufer des Sees wolle. Also stiegen sie in ein Boot und legten ab. Jesus selbst war müde. Er nahm sich ein Kissen und legte sich schlafen. Doch als sie in der Mitte des Sees angelangt waren, kam ein großer Sturm auf. Das Boot schwankte fürchterlich hin und her. Es füllte sich immer mehr mit Wasser und drohte umzukippen. Die Jünger hatten große Angst. Sie weckten Jesus voller Aufregung. „Ist es dir denn ganz egal, dass wir alle untergehen werden?"

Jesus stand auf und sprach mit dem Wind und mit den Wellen. „Schweiget, seid still." Sofort legten sich Wind und Wellen und es war ruhig. Der See lag glatt vor ihnen. Da wandte sich Jesus an die Jünger. „Warum seid ihr so ängstlich? Warum habt ihr keinen Glauben, kein Vertrauen?", fragte er sie.

Die Jünger jedoch fürchteten sich plötzlich vor Jesus. Sie sagten zueinander: „Wir kennen Jesus noch immer nicht. Wer ist er nur, dass ihm sogar der Wind und die Wellen gehorchen?"

Jesus vermehrt Brot und Fische

(Lukas 9,11–17)

Als Jesus einmal in einer einsamen Gegend zum Volk redete und die Sonne bereits unterging, sagten seine Jünger: „Es ist schon spät. Rate den Menschen, sie sollen in den umliegenden Dörfern nach einem Nachtplatz suchen. Sie sind bestimmt auch hungrig und müssen noch etwas essen."

Jesus antwortete: „Gebt ihnen doch zu essen, wenn sie hungrig sind."

„Wir haben nur noch fünf Brote und zwei Fische. Hier aber sind fünftausend Menschen beieinander." Da wollte Jesus, dass sich die Menschen zu fünf Gruppen zusammenfinden. Als sie sich so versammelt hatten, nahm er die fünf Brote und die zwei Fische. Dann sprach er zum Himmel und bat Gott um Hilfe. Anschließend brach er das Brot und die Fische in viele kleine Teile.

„Verteilt dies!", sagte er zu den Jüngern.

Die Jünger verteilten, was Jesus ihnen gab, und es war genug für alle. Es blieb sogar noch Brot und Fisch übrig. Nachdem alle satt waren, wurden die Reste eingesammelt. Und mit den Resten wurden zwölf Körbe gefüllt.

Jesus geht über das Wasser

(Matthäus 14,22–33)

Nachdem alle satt waren, sagte Jesus zu seinen Jüngern, sie sollten in das Boot steigen und ans andere Ufer fahren. Dann wanderte Jesus auf einen Berg. Er wollte allein sein.

Während er dort oben betete, waren die Jünger schon mitten auf dem Meer und hohe Wellen schlugen gegen das Boot. Die Jünger bekamen es mit der Angst zu tun und riefen um Hilfe. Plötzlich sahen sie eine Gestalt über die Wellen auf sie zugehen. Die Jünger fürchteten sich noch mehr, weil sie dachten, ein Gespenst zu sehen. Aber es war Jesus, der sprach: „Habt Mut! Ich bin es! Fürchtet euch nicht!"

„Jesus, wenn du es bist, dann will ich zu dir kommen", antwortete Petrus.

„Komm!", befahl Jesus.

Petrus stieg aus dem Boot und ging auf den Wellen zu ihm. Doch es zog neuer Wind auf und die Wellen unter Petrus' Füßen wurden stärker. Er versank im Meer. „Jesus, rette mich!", rief er, weil er glaubte, dass er sonst ertrinken würde. Jesus streckte seine Hand aus und zog Petrus aus dem Wasser. „Warum hast du an mir gezweifelt?", fragte er den Jünger. Dann gingen sie gemeinsam zu den anderen zurück. Als sie ins Boot stiegen, legte sich der Wind. Die Jünger warfen sich vor Jesus nieder und sagten: „Wirklich, du bist Gottes Sohn!"

Jesus und die Kinder

(Matthäus 18,1–5; Markus 10,13–16)

Als Jesus einmal mit seinen Jüngern zusammensaß, kamen Eltern mit ihren Kindern zu ihnen. Sie wollten, dass Jesus die Kinder berührte und ihnen seinen Segen gab. Die Jünger schimpften zunächst und schickten die Kinder weg, weil sie dachten, dass sie Jesus stören würden. Aber Jesus nahm eins von ihnen und setzte es auf seinen Schoß.

„Lasst alle Kinder zu mir kommen", sagte er. „Denn wer nicht so ist wie ein Kind, der wird nie ins Himmelreich kommen."

Das verunsicherte die Jünger. „Wir sind doch auch keine Kinder mehr", entgegneten sie. „Werden wir nicht in den Himmel kommen?"

„Werdet wieder wie die Kinder. Nehmt euch, euer Leben und eure Wünsche nicht wichtig. Dann findet auch ihr Einlass in das Reich Gottes."

Da verstanden die Jünger, was Jesus meinte.

Der barmherzige Samariter

(Lukas 10,25–37)

Einmal wollte ein Schriftgelehrter Jesus auf die Probe stellen und fragte ihn: „Was muss ich tun, um ewiges Leben zu erreichen?"

„Was hast du bereits darüber gelesen?", fragte Jesus zurück.

„Ich habe gelesen, dass ich Gott mit meiner ganzen Kraft und mit meinem ganzen Herzen lieben soll. Und auch, dass ich meinen Nächsten wie mich selbst lieben soll", antwortete der Mann.

„So ist es", sagte Jesus. „Wenn du Gott und deinen Nächsten liebst, wirst du ewig leben."

Doch der Schriftgelehrte gab sich mit der Antwort nicht zufrieden. „Es gibt so viele Menschen", fragte er weiter. „Wie soll ich wissen, wer mein Nächster ist?"

Da erzählte Jesus ihm die Geschichte vom barmherzigen Samariter: Eines Tages wurde ein Mann auf einer Reise überfallen. Die Räuber raubten ihn aus und schlugen ihn halb tot. Dann ließen sie ihn hilflos am Wegrand liegen. Zufällig kam ein Priester des Weges. Er sah den Verletzten, der sich vor Schmerzen auf

dem Boden krümmte, und ging weiter. Nach kurzer Zeit kam ein zweiter Mann. Auch er ging vorüber, ohne sich um den Verletzten zu kümmern. Beide fürchteten, dass die Räuber noch in der Nähe seien und auch sie überfallen würden. Dann kam ein Mann aus Samaria vorbei. Als er den Verletzten sah, stieg er von seinem Esel. Der Samariter ging zu ihm und verband seine Wunden. Dann setzte er ihn auf sein Lasttier und ging selbst zu Fuß nebenher. So brachte er den Verletzten zu einer Herberge. Dort gab er dem Wirt Geld, damit er sich um ihn kümmere. Der Samariter selbst musste weiterziehen. Aber auf der Rückreise wollte er wiederkommen, um zu sehen, ob es dem kranken Mann besser ginge.

„Welcher von den dreien war jetzt dem verletzten Mann am nächsten?", fragte Jesus den Schriftgelehrten.

„Der Samariter", antwortete der Schriftgelehrte, ohne zu zögern.

„Du kennst also die Antwort", sagte Jesus. „Dann verhalte dich stets so, wie der Samariter es getan hat."

Der gute Hirte

(Johannes 10,1–18)

„Ihr wisst alle, was ein guter Hirte ist", sprach Jesus einmal. „Er kommt zu seinen Schafen und ruft jedes einzelne bei seinem Namen. Jedes Tier seiner Herde ist ihm wichtig und die Tiere erkennen seine Stimme und folgen ihm. Einem Fremden jedoch folgen die Tiere nicht. Ein Hirte liebt seine Schafe so sehr, dass er sein Leben für sie geben würde. Und wie ein guter Hirte für seine Schafe da ist, so bin auch ich für die Menschen da. Ich bin gekommen, damit sie unbesorgt und in Fülle leben können. Ich bin der gute Hirte und ich kenne die Menschen, so, wie mich Gott kennt und ich Gott kenne."

Das verlorene Schaf

(Lukas 15,1–17)

Jesus sprach mit allen Menschen. Auch mit Verbrechern, Lügnern und mit Menschen, die nur an sich dachten und andere um Geld bringen wollten. Die Schriftgelehrten verstanden nicht, warum Jesus sich diesen Leuten zuwandte. Denn sie selbst wollten mit Menschen, die sich so schlecht verhielten, nichts zu tun haben und gingen ihnen aus dem Weg. Doch Jesus lud diese Menschen sogar zu sich nach Hause ein oder besuchte sie, um mit ihnen zu essen und zu trinken.

Als die Schriftgelehrten wieder einmal an dem Verhalten Jesus' zweifelten und murrten, erzählte er ihnen die Geschichte vom verlorenen Schaf: „Wenn einer von euch Schafe hütet und ein Schaf geht verloren, wer lässt dann nicht die Herde allein, um das Schaf zu suchen? Und wenn er es gefunden hat, nimmt er es auf seine Schultern und trägt es voller Freude zur Herde zurück. Dann ruft er seine Freunde und Verwandten zusammen, um ihnen zu sagen: ‚Freut euch mit mir, denn ich habe mein Schaf gefunden, das verloren war.' Und genau wie über das verlorene Schaf, wird auch im Himmel mehr Freude sein über einen sündigen Menschen, der umkehrt und auf den richtigen Weg zurückfindet, als über 99 Gerechte, die bereits auf dem richtigen Weg sind."

Der verlorene Sohn

(Lukas 15,11–32)

Trotzdem störte es viele Menschen, dass sich Jesus in ihren Augen ungerecht verhielt. Denn viele versuchten, so zu leben, wie Jesus es ihnen vorgab. Warum bevorzugte er trotzdem die Menschen, die sich fehlerhaft verhielten? Da erzählte Jesus das Gleichnis von dem verlorenen Sohn:

„Ein Mann hatte zwei Söhne. Der jüngere Sohn sagte zum Vater: ‚Ich will mein Erbe. Gib mir so viel Geld, wie mir zusteht.'

Der Vater teilte also den Besitz unter seinen Söhnen auf. Kurz darauf packte der jüngere Sohn seine Sachen, nahm seinen Anteil des Geldes und zog in ein fremdes Land. Dort gab er alles Geld aus, was er von seinem Vater bekommen hatte. Als nichts mehr übrig war, kam eine Hungersnot und der Sohn, der einmal so reich gewesen war, hatte plötzlich nichts zu essen. Da fragte er einen Bauern, ob er bei ihm arbeiten dürfe. Der Bauer schickte ihn aufs Feld zum Schweinehüten. Da sah der Sohn, dass selbst die Schweine mehr zu fressen hatten als er. Er erinnerte sich an seinen Vater, der seinen Knechten immer genug zu essen gab. ‚Ich will wieder zurück nach Hause gehen', dachte der Sohn in seiner Verzweiflung. ‚Ich werde ihm sagen, dass ich alles falsch gemacht habe. Auch wenn ich es nicht mehr wert bin, der Sohn meines Vaters zu sein, wird er mir vielleicht Arbeit geben und mich wie einen seiner Knechte behandeln.' So machte er sich auf und ging zurück in seine Heimat.

Der Vater erkannte seinen Sohn schon von Weitem und sein Herz füllte sich mit großer Freude. Er lief ihm entgegen und umarmte und küsste ihn. Der Sohn sagte, dass er schlecht gehandelt habe und nur noch wie ein Knecht behandelt werden wollte. Aber der Vater hörte gar nicht auf seine Worte. Er befahl einem Diener, schöne Kleidung und Schuhe zu holen. Der Sohn badete und zog die frischen Kleider an. Der Vater schenkte seinem Sohn sogar einen Ring und ließ ein Kalb für ihn schlachten. Er wollte ein großes Fest feiern. Denn er hatte seinen Sohn schon tot geglaubt. Aber er lebte! Sein Sohn war verloren gewesen und doch zurückgekehrt. Wenn das kein Grund zur Freude war!

Der ältere Bruder aber war die ganzen Jahre beim Vater geblieben und hatte hart gearbeitet. Auch als sein Bruder heimkehrte, war er auf dem Feld. Als er von der Arbeit zurückkam, hörte er das Lachen der vielen Gäste. Er fragte einen Knecht, warum der Vater ein Fest feiere. Als er hörte, dass der Vater sogar ein Kalb geschlachtet hatte, weil sein Bruder nach Hause gekommen war, wurde er eifersüchtig und zornig und wollte nicht mitfeiern.

‚Warum feierst du nicht mit uns?', fragte der Vater seinen älteren Sohn.

‚Ich habe immer getan, was du von mir verlangtest', antwortete er. ‚Aber du hast mir nicht einmal einen Ziegenbock geschenkt, den ich mit meinen Freunden hätte braten können.'

‚Alles, was mir gehört, gehört immer auch dir', antwortete der Vater. ‚Aber ich musste einfach feiern. Denn zu groß ist meine Freude, weil auch mein jüngerer Sohn noch lebt.'"

Arbeiter im Weinberg

(Matthäus 20,1–16)

Einmal verglich Jesus den Einlass der Menschen ins Himmelreich mit einem Hausherrn, der früh am Morgen loszog, um Arbeiter für seinen Weinberg zu finden. Die Reben mussten vom Weinstock geschnitten, in Körben gesammelt und weggetragen werden. Das war eine harte und anstrengende Arbeit. Der Hausherr sah einige Männer, die umherstanden und nichts zu tun hatten.

„Wollt ihr euch einen Silbertaler verdienen?", fragte er sie.

„Natürlich wollen wir das!", antworteten die Männer.

„Dann kommt mit auf meinen Weinberg. Dort gibt es Arbeit genug." Der Hausherr winkte die Männer zu sich, erklärte ihnen, was sie zu tun hatten, und schickte sie zum Weinberg, wo sie in der Sonne schufteten. Sie schnitten die Reben und trugen die schweren Körbe in der prallen Sonne den Berg hinauf. Der Hausherr jedoch zog ein zweites Mal los. Er brauchte noch mehr Arbeiter und fand erneut Männer, die gelangweilt auf einem Marktplatz standen.

„Sucht ihr Arbeit?", fragte er sie.

Die Männer nickten.

„Dann kommt mit mir. Ich habe Arbeit", rief der Hausherr. „Und ich werde euch das zahlen, was ich für richtig halte."

Und wieder gingen die Männer in den Weinberg. Einige Stunden später eilte der Hausherr erneut los, um Arbeiter für seinen Weinberg zu finden.

Schließlich wurde es dunkel und alle Männer wollten ihren Lohn. Der Hausherr bestellte erst die zu sich, die zuletzt gekommen waren. Er gab ihnen einen Silbertaler. Als nun die Männer kamen, die bereits am Morgen mit der Arbeit begonnen hatten, erwarteten sie, mehr als einen Silbertaler zu erhalten. Schließlich hatten sie ja viel länger gearbeitet und in der Mittagshitze geschuftet. Doch auch sie erhielten einen Silbertaler. Sie wurden unzufrieden und murrten.

„Die anderen haben nur eine Stunde gearbeitet und einen Silbertaler bekommen. Wir haben den ganzen Tag geackert wie die Tiere und auch nur einen erhalten. Das ist ungerecht", beschwerte sich einer von ihnen.

Der Hausherr jedoch antwortete: „Mein Lieber, ich tue dir kein Unrecht. Wir haben heute Morgen einen Silbertaler als Tageslohn vereinbart und den hast du bekommen. Darf ich mit meinem Geld nicht tun, was ich will? Nimm du dein Geld und geh. Warum bist du neidisch auf die, die mehr bekommen, als sie erwartet haben? Freue dich über das, was dir gegeben wird. Nur weil ich Gutes tue, sollst du nicht böse werden."

Zachäus

(Lukas 19,1–10)

Eines Tages ritt Jesus auf einem Esel wieder durch die Stadt Jericho. Die Menschen scharten sich um ihn, alle wollten ihn sehen und hören. Auch der Zöllner Zachäus war in der Menge. Zöllner wie er nahmen von den Menschen im Auftrag der Römer Geld und bereicherten sich oft daran. Die Römer besetzten das Land und machten die Gesetze.

Da Zachäus ein kleiner Mann war, sah er Jesus auf dem Esel nicht, sondern nur die Rücken der Menschen, die vor ihm standen. Also entfernte er sich von der Menge und lief voraus zu einem Feigenbaum, den er hinaufkletterte. Er wusste, dass Jesus an dem Feigenbaum vorbeireiten musste und er von dort oben einen guten Blick auf ihn haben würde. Als Jesus vorbeikam, schaute er nach oben und entdeckte Zachäus.

„Zachäus, steig schnell herab!", sagte Jesus zu ihm. „Denn ich will heute in deinem Haus zu Abend essen."

Zachäus stieg rasch vom Baum und lud Jesus herzlich zu sich ein. Alle, die das sahen, murrten: „Warum will Jesus im Haus eines Sünders essen?"

Doch Zachäus freute sich und eilte nach Hause, um alles für seinen Gast vorzubereiten. Er deckte den Tisch und ließ das beste Essen kochen und den besten Wein bringen.

Als Jesus bei ihm war, meinte Zachäus: „Herr, die Hälfte meines Vermögens gebe ich den Armen. Und wenn ich jemandem zu viel Geld abgenommen habe, werde ich es ihm vierfach zurückgeben."

„Heute ist viel Gutes in deinem Haus geschehen", antwortete Jesus. „Denn du warst verloren. Ich aber habe dich gefunden und auf den rechten Weg zurückgeführt."

Dem anderen helfen

(Matthäus 25,31–46)

Jesus predigte viel davon, dass die Menschen aufeinander Rücksicht nehmen sollten. Die Starken und Reichen sollten die Schwachen und Armen unterstützen. Er sprach auch vom Ende der Welt.

„Dann werden die Engel kommen und sich alle Völker um Gott versammeln. Gott wird die Menschen trennen wie ein Hirte die Schafe von den Böcken. Die Menschen, die gerecht gelebt haben, wird Gott auf die rechte Seite stellen und die Menschen, die nur an sich gedacht haben, werden auf seiner linken Seite versammelt. Und Gott wird zu den Menschen sagen, die auf seiner rechten Seite stehen: ‚Ihr werdet ins Himmelreich kommen, weil ihr mir zu essen und zu trinken gegeben habt, als ich hungrig war. Als ich fremd war, habt ihr mich aufgenommen. Ich war nackt und ihr habt mich bekleidet. Ich war krank und ihr habt mich besucht. Ich war im Gefängnis und ihr seid zu mir gekommen.' Zu den Menschen auf der anderen Seite wird Gott jedoch sagen: ‚Ihr habt mir weder

zu essen noch zu trinken gereicht. Ihr habt mir auch keine Kleidung gegeben und mich nicht zu Hause aufgenommen. Als ich traurig war, habt ihr mich nicht getröstet, sondern habt mich allein gelassen.' Die Menschen aber werden Gott dann fragen: ‚Wann soll das gewesen sein? Wann haben wir dir zu essen und zu trinken gegeben? Wann haben wir dich im Gefängnis besucht?' Und Gott wird antworten: ‚Was ihr für den ärmsten meiner Brüder getan habt, das habt ihr für mich getan. Wenn ihr einem Menschen geholfen habt, dann habt ihr mir geholfen. Und wenn ihr einen Menschen im Stich gelassen habt, dann habt ihr mich verlassen.'"

Jesus erweckt einen Toten

(Johannes 11,1–45)

Jesus hatte oft die Geschwister Maria, Martha und Lazarus besucht und liebte sie sehr. Nun wurde Lazarus krank und seine Schwestern schickten Jesus eine Nachricht. Sie wünschten sich sehr, dass er kommen und ihren Bruder heilen würde. Denn sie hatten Angst um sein Leben. Als Jesus die Nachricht von Lazarus' Krankheit erfuhr, sagte er: „Lazarus wird nicht sterben. Denn ich werde ihn auferwecken und damit die Herrlichkeit Gottes sichtbar machen."

Jesus wartete noch zwei Tage. Dann erst ging er zu dem Kranken. „Unser Freund Lazarus schläft", sagte Jesus zu den Jüngern. „Ich gehe, um ihn aufzuwecken."

Die Jünger verstanden ihn nicht. „Wenn er nur schläft, so wird er gesund werden und von selbst aufwachen", erwiderten sie. Doch Jesus hatte nicht den Schlaf gemeint, sondern den Tod.

Bei Jesus' Ankunft lag Lazarus schon vier Tage im Grab. Viele Verwandte und Freunde waren in dieser Zeit zu Maria und Martha gekommen, um sie zu trösten. Sie weinten und klagten. Als Martha hörte, dass Jesus auf dem Weg zu ihnen war, verließ sie das Haus und ging ihm entgegen. „Wenn du früher hier gewesen wärst, wäre mein Bruder noch am Leben", sprach sie. „Doch auch so weiß ich, dass Gott das macht, worum du ihn bittest."

„Dein Bruder wird auferstehen", versprach ihr Jesus.

„Ich weiß, dass er auferstehen wird am Ende der Welt. Dann, wenn wir alle auferstehen werden", gab Martha zurück.

„Ich bin die Auferstehung und das Leben. Wer an mich glaubt, wird ewig leben", sagte Jesus.

Nachdem Martha die Worte Jesus' gehört hatte, ging sie nach Hause zu ihrer Schwester Maria. „Der Meister ist da", flüsterte sie ihr ins Ohr.

Da gingen sie zusammen zu Jesus und viele Juden folgten ihnen. Als Maria Jesus begegnete, warf sie sich ihm vor die Füße und sagte: „Herr, wenn du früher da gewesen wärst, wäre mein Bruder nicht gestorben."

Einige, die mitgekommen waren, murmelten: „Er konnte Blinde zu Sehenden machen. Weshalb hat er nicht dafür gesorgt, dass Lazarus wieder gesund wird?"

Als Jesus den Unmut der Menschen vernahm, wurde er zornig.

„Wo habt ihr ihn hingelegt?", fragte er Maria und Martha. Und die Schwestern führten ihn zum Grab, zu einer Höhle in einem Felsen. Vor dem Eingang lag ein Stein.

„Schiebt den Stein zur Seite!", befahl Jesus.

Martha wollte ihren Bruder in Frieden ruhen lassen und wehrte sich, aber die Menschen hatten den Stein schon zur Seite geschoben. Da hob Jesus seine Augen zum Himmel und sprach: „Lazarus, komm heraus!"

Und Lazarus kam heraus. Seine Füße und Hände waren umwickelt, so, wie es Brauch war.

Und alle, die das Wunder gesehen hatten, glaubten nun an Jesus.

Jesus wird gesalbt

(Matthäus 26,6–13; Johannes 12,1–8)

Nach einiger Zeit besuchte Jesus wieder seine Freunde. Sie bereiteten in ihrem Haus ein großes Mahl für Jesus und seine Jünger. Martha, die Schwester von Lazarus, reichte den Gästen leckere Speisen und guten Wein. Als alle fertig gegessen hatten, holte ihre Schwester Maria kostbares Öl herbei. Sie nahm die Füße von Jesus, stellte sie in eine Schale und begoss sie mit dem Öl. Sofort verbreitete sich der Duft des Öls und es roch im ganzen Haus nach Blumen und Gewürzen. Nachdem Maria die Füße von Jesus gebadet hatte, trocknete sie sie mit ihren langen dunklen Haaren.

Judas, einer der Jünger, fragte Jesus: „Warum hat Maria das Öl nicht verkauft? Von dem Geld wären viele arme Menschen satt geworden. So verschwendet sie ein Vermögen."

Da sprach Jesus: „Lass sie. Ich werde nicht mehr lange leben. Aber die Armen habt ihr immer bei euch. Über Maria werden die Menschen noch lange reden, auch wenn ich schon gestorben bin."

Der Einzug in Jerusalem

(Matthäus 21,1–11)

Jesus wanderte weiter nach Jerusalem. Seine Bewohner bereiteten das große Paschafest vor, das an die Befreiung der Israeliten aus der Sklaverei der Ägypter erinnert. Als sie kurz vor dem Ölberg waren, bat Jesus seine Jünger: „Geht vor. Bald werdet ihr eine Eselin mit einem Fohlen sehen. Bindet die Tiere los und bringt sie zu mir."

„Das geht nicht", sagte einer der Jünger. „Die Tiere gehören uns nicht. Wir dürfen sie nicht einfach mitnehmen."

„Wenn jemand etwas zu euch sagt, dann antwortet einfach: Der Herr braucht die Tiere. Dann werden sie euch gleich gegeben."

Die Jünger gingen vor und taten, was Jesus ihnen gesagt hatte.

Und schon bald sahen sie tatsächlich eine Eselin mit ihrem kleinen Fohlen, die an einem Baum angebunden waren. Schnell machten sie die Tiere los und wollten sie mit sich nehmen.

„Was tut ihr?", rief ihr Besitzer da. Die Jünger antworteten, wie Jesus es ihnen gesagt hatte, und der Mann ließ sie gehen.

Die Jünger brachten Jesus die Eselin und das Fohlen, legten ihre Mäntel als Sattel über die Rücken der Tiere und Jesus stieg hinauf. Begleitet von seinen Jüngern ritt Jesus auf den Tieren das letzte Stück nach Jerusalem und schon vor den Toren erwarteten ihn viele Menschen. Sie hatten gehört, dass Jesus Kranke heile und Tote auferwecke. Viele legten ihre Kleider oder Palmzweige auf dem staubigen Boden aus, um Jesus einen Weg zu bereiten. Alle wollten zeigen, wie sehr sie sich über seine Ankunft freuten.

„Wir loben dich!", jubelten die Menschen Jesus zu. „Wir loben den König, der da kommt und auf den wir gewartet haben. Gott hat ihn uns geschickt! Wir danken Gott in der Höhe!"

Und als Jesus in Jerusalem einzog, wussten alle Bewohner der Stadt, dass etwas Besonderes geschah. Einige fragten: „Wer ist der Mann, der da auf dem Esel reitet?" Und die Menschen antworteten: „Das ist der Prophet Jesus aus Nazareth, Gottes Sohn."

Jesus vertreibt die Händler im Tempel

(Matthäus 21,12–17)

In Jerusalem besuchte Jesus einen Tempel. Dort wurde aber nicht gebetet. In diesem Haus Gottes boten Händler ihre Waren an, um sie zu verkaufen. Sie redeten laut durcheinander und waren nur auf ein gutes Geschäft aus. Anstatt in Stille mit Gott zu sprechen, wie es sonst in einem Tempel üblich war, schrien die Menschen wie auf einem Marktplatz. Da wurde Jesus zornig. Er stieß die Tische und Stühle um und sprach zu ihnen: „Das Haus Gottes soll ein Haus des Gebetes sein. Ihr aber macht es zu einer Räuberhöhle."

Er vertrieb alle, die in dem Tempel Geschäfte machen wollten. Als die Händler fort waren, kamen die Lahmen und Blinden zu ihm und er heilte sie. Auch Kinder liefen im Tempel umher und lobten Gott. Als aber die Schriftgelehrten und Priester die Wunder Jesus' sahen, wurden sie misstrauisch. Sie wollten Jesus loswerden. „Was machst du in unserem Tempel?", fragten sie ihn erbost.

Aber Jesus kümmerte sich nicht um sie. Er ließ sie einfach stehen und ging weiter.

Das letzte Abendmahl

(Matthäus 26,1–5; 26,20–46)

Bald darauf versammelten sich die Priester und Ältesten des Volkes und beschlossen, Jesus festzunehmen und zu töten. Es gefiel ihnen nicht, was er sagte. Konnte er wirklich behaupten, der Sohn Gottes zu sein? War das nicht eine Beleidigung Gottes? Auch hatten sie Angst, dass Jesus zu mächtig würde. Denn sein Einfluss beim Volk war groß und wuchs von Tag zu Tag. Jesus hatte viele Freunde und Anhänger. Die Menschen waren sehr beeindruckt von dem, was er sagte, und von der Kraft, die von ihm ausging. Die Ältesten beschlossen, Jesus mit einer List zu ergreifen, weil sonst zu viel Unruhe in der Bevölkerung entstehen würde.

Jesus aber wusste, dass er nicht mehr lange zu leben hatte. „Bald werde ich festgenommen. Man wird mich packen und ans Kreuz nageln", sagte er zu seinen Jüngern. „Bereitet euch auf meinen Tod vor."

Am Abend des Paschafestes saß Jesus mit seinen zwölf Jüngern am Tisch. Er wollte mit ihnen ein letztes Mal gemeinsam essen. Während sie aßen, sprach er: „Einer von euch wird mich verraten." Da wurden die Jünger sehr traurig und sie fragten: „Doch ich bin es nicht, oder?"

Jesus wusste schon, wer ihn verraten würde. Aber er nannte keinen Namen. Er sagte nur: „Es wäre besser für denjenigen unter euch, er wäre nie geboren worden."

Dann nahm er das Brot. Er brach es und sprach: „Nehmt und esst alle davon. Ich werde sterben, aber ihr werdet leben." Anschließend nahm er einen Kelch mit Wein und sagte: „Nehmt und trinkt alle davon. Eure Sünden werden euch vergeben. Ich werde von nun an keinen Wein mehr trinken bis zu dem Tag, an dem wir alle auferstanden sind."

Nach dem Essen ging Jesus mit einigen seiner Jünger zu einem Garten in der Nähe des Ölbergs. Dort wollte er in aller Stille und zu Gott beten. Als sie den Ölberg erreicht hatten, sagte Jesus zu seinen Begleitern: „In dieser Nacht werdet ihr mich alle verlassen."

Sein Jünger Petrus antwortete: „Ich werde dich niemals verlassen, was auch geschieht. Ich werde dir treu sein."

„Petrus, noch bevor der Hahn kräht und der Morgen anbricht, wirst du mich drei Mal verraten."

„Eher werde ich mit dir sterben!", rief Petrus. Jesus sah ihn an und widersprach nicht.

Dann bat Jesus die Jünger, aufzubleiben und Wache zu halten, während er betete. Denn er wusste, dass er bereits in Gefahr war und bald gefangen genommen würde. Aber er wollte vor seinem Tod noch einmal in Ruhe mit Gott reden. So blieben die Jünger allein, Jesus ging ein Stück weiter. Dann warf er sich auf den Boden und sprach: „Mein Gott, wenn es möglich ist, so lass mich leben. Erspare mir den Schmerz und das Leid. Aber es soll nicht das passieren, was ich will. Sondern ich bin auf Erden, um deinen Willen zu erfüllen."

Als er wieder zu den Jüngern zurückkehrte, schliefen sie fest. „Konntet ihr nicht einmal eine Stunde mit mir wachen?", fragte Jesus traurig. In dem Moment fühlte er sich sehr allein und traurig. Nachdem alle Jünger geweckt waren, entfernte Jesus sich ein zweites Mal von ihnen, um zu beten. Und wieder sprach er zu Gott: „Wenn es nötig ist, dann bin ich bereit, den Schmerz und das Leid auf mich zu nehmen. Dein Wille geschehe!"

Und wieder ging Jesus zu den Jüngern zurück und wieder waren sie eingeschlafen. Jesus jedoch betete ein drittes Mal zu Gott, dass er nun bereit sei zu sterben, um seinen Willen zu erfüllen.

Jesus wird gefangen genommen

(Matthäus 26,47–26,56)

Nach seinem dritten Gebet kamen fremde Männer zu ihm. Weil es mitten in der Nacht war, trugen sie brennende Fackeln. Auch trugen sie Knüppel und Schwerter bei sich. Als Jesus von ihnen gefesselt wurde, wehrte er sich nicht. Mit gebundenen Händen führten ihn die Männer weg. Seine Jünger jedoch liefen in alle Richtungen davon. Zu groß war ihre Angst, dass auch sie verhaftet und ins Gefängnis geworfen würden.

Bevor der Hahn kräht

(Markus 14,66–72; Lukas 22,5–62)

Petrus lief unruhig durch die Nacht, nachdem Jesus verhaftet wurde. Er hatte die Männer mit den Fackeln und Schwertern gesehen und wusste, dass Jesus nun bald sterben würde. Er fürchtete, dass auch er gefesselt und gefangen genommen würde. Da es kalt war, betrat er einen Hof, um sich an einem Feuer zu wärmen. Doch eine Dienstmagd entdeckte ihn und kam zu ihm ans Feuer.

„Auch du warst bei Jesus!", sagte sie.

„Ich verstehe nicht, was du meinst", antwortete Petrus und ging davon. Aber die Dienstmagd folgte ihm. Als sie ihn eingeholt hatte, zeigte sie mit dem Finger auf ihn. „Der da war auch ein Jünger Jesus'!", sagte sie so laut, dass es alle Umstehenden hören konnten. Petrus hatte Angst vor einer Festnahme und fühlte sich schuldig, weil er Jesus nicht vor den Männern hatte schützen können. Deshalb sagte er wieder: „Nein, ich bin kein Jünger." Die Leute glaubten ihm nicht. Da sagte Petrus ganz laut: „Ich kenne diesen Jesus nicht, von dem ihr redet." In dem Moment krähte ein Hahn. Petrus erschrak fürchterlich. Er erinnerte sich an die Worte Jesus': ‚Noch ehe der Hahn kräht, wirst du mich drei Mal verraten.' Er weinte und schämte sich.

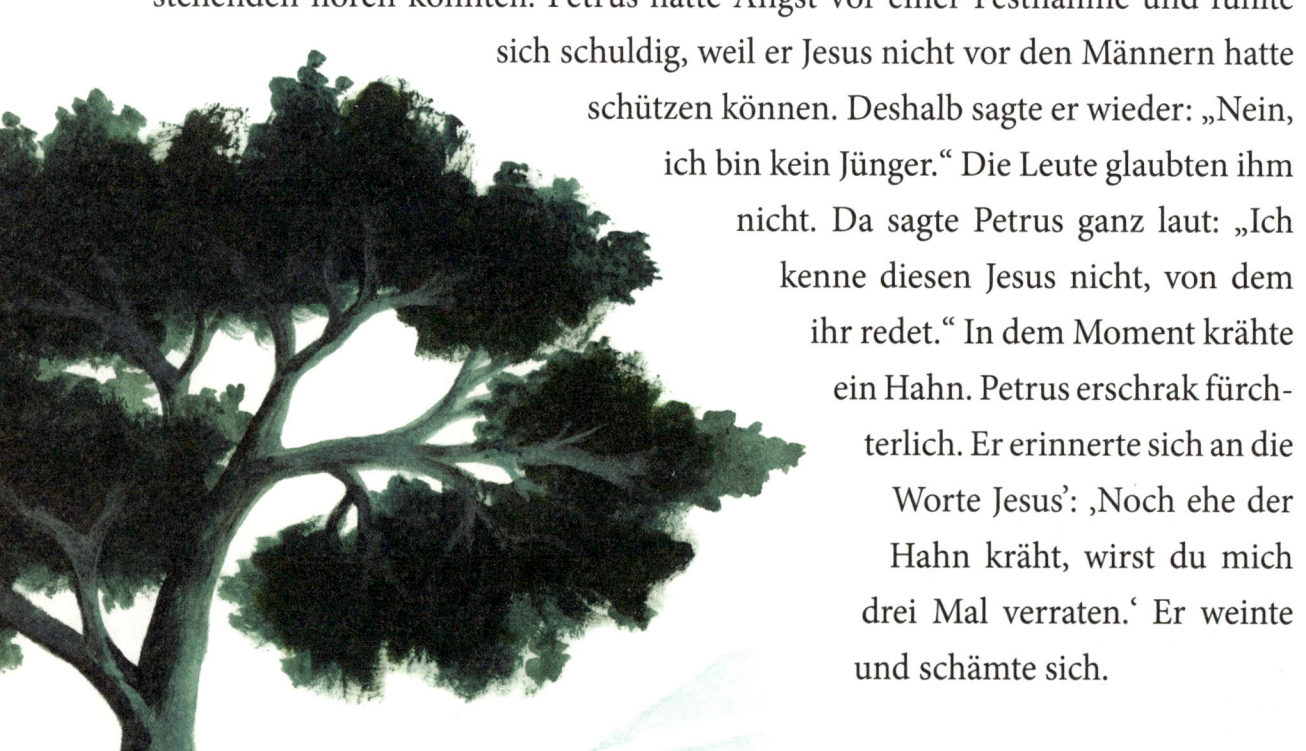

Jesus bei Pontius Pilatus

(Matthäus 27,11–24; Johannes 18,28–40)

Jesus wurde nach seiner Festnahme zum Rat der Ältesten gebracht, der beschloss, ihn den römischen Besatzern auszuliefern. Denn nur die Römer durften ein Todesurteil aussprechen. Dieses Recht war den Juden, und damit auch dem Rat der Ältesten, untersagt. So führte man Jesus zum römischen Statthalter, zu Pontius Pilatus. Pilatus trat vor die Tür seines Palastes, wo die Juden mit Jesus auf ihn warteten.

„Was habt ihr gegen diesen Mann vorzubringen?", wollte er wissen. „Welche Verbrechen hat er denn begangen?"

„Wenn der da kein Verbrecher wäre, würden wir dich gar nicht erst stören und ihn dir bringen", antwortete ihm ein Mann.

„Dann richtet ihn doch nach eurem Gesetz", schlug Pilatus vor. Denn er ahnte, dass Jesus kein schlimmer Verbrecher war und er aus Neid getötet werden sollte. Pilatus aber wollte Jesus nicht zu Unrecht verurteilen.

„Unser Gesetz erlaubt keine Todesurteile", antworteten die Juden.

Da befahl Pilatus, dass Jesus zu ihm in den Palast gebracht werden sollte, und ging selbst wieder hinein.

„Bist du ein König der Juden?", fragte Pilatus, als Jesus vor ihm stand.

„Mein Reich ist nicht von dieser Welt", gab Jesus ihm zur Antwort. „Wäre es von dieser Welt, wäre ich im Besitz von Soldaten und Waffen. Ich würde um Macht, Reichtum und meine Freiheit kämpfen."

„Dann hast du ein Reich und bist ein König?", fragte Pilatus weiter.

„Du sagst es: Ich bin ein König. Und wer die Wahrheit sucht, wird mich hören."

Da trat Pilatus wieder vor seinen Palast. Er hob die Arme, damit die Menschen still würden. Als sich der Lärm der Menge gelegt hatte, sprach er: „Ich finde nichts Schlechtes an Jesus. Wie ihr wisst, besteht der Brauch, dass ich einem Verurteilten zum Paschafest die Freiheit schenke. Soll ich also den König der Juden freilassen?"

„Lasst Jesus nicht frei!", riefen die Menschen aufgebracht. „Lasst Barrabas frei, den Räuber!"

„Und was soll ich mit Jesus machen?", sprach Pilatus weiter.

„Tötet ihn!", riefen einige.

„Wir wollen diesen König nicht, kreuzigt ihn!", riefen andere.

Immer aufgebrachter wurden die Menschen. Und Pilatus erkannte, dass er gegen die Masse nichts tun konnte. Er ließ sich eine Schale mit Wasser bringen und wusch sich darin die Hände.

„Seht her", forderte er die Menschen vor seinem Palast auf. „Ihr wollt den Tod Jesus'. Es ist euer Wunsch, den ich erfülle. Ich aber wasche meine Hände und bin unschuldig!"

Die Kreuzigung

(Matthäus 27,32–60; Johannes 19,17–42)

Der Ort, an dem Verbrecher gekreuzigt wurden, lag außerhalb der Stadt. Er hieß Golgota. Der Weg dorthin war lang und Jesus musste das schwere Holzkreuz selbst tragen. Nach einer Weile hatte er keine Kraft mehr und brach zusammen. Deswegen half ihm Simon, ein Mann, der zufällig am Weg stand, mit der schweren Last. Abwechselnd trugen sie nun das Kreuz, bis sie Golgota erreichten.

Dort schlugen die Soldaten Jesus mit Nägeln ans Kreuz. Rechts und links neben ihm wurden zwei Räuber ans Kreuz gebunden. Als die Soldaten fertig waren, teilten sie seine Kleider unter sich auf. Schließlich setzten sie sich vor das Kreuz, um Jesus zu bewachen.

Unter dem Kreuz wachten auch seine Mutter und einige andere Frauen. Ein Jünger war ebenfalls unter ihnen. Als Jesus seine Mutter und den Jünger sah, sagte er zu seiner Mutter: „Dies ist dein Sohn." Und zu dem Jünger sagte er: „Dies ist nun deine Mutter."

Die Menschen, die an ihm vorübergingen, machten sich über ihn lustig. „Wenn du der Sohn Gottes bist, dann hilf dir doch und befreie dich vom Kreuz! Steig herunter!" Aber Jesus wusste, dass er für die Menschen sterben musste, und tat nichts.

So vergingen einige Stunden. Dann zogen plötzlich schwarze Wolken auf und es wurde dunkel. Die Erde erbebte. Jesus schrie laut zum Himmel, bevor er den Kopf sinken ließ und starb.

Männer kamen und nahmen ihn vom Kreuz. Sie legten ihn in ein leeres Grab, das in der Nähe in eine Felshöhle gehauen war, und rollten einen Stein davor.

Die Auferstehung

(Lukas 24,1–24,12)

Die Frauen folgten den Männern vom Kreuz und sahen, wo sie Jesus hinlegten. Es war bereits Abend und zu spät, um seinen Leib zu salben, wie es damals üblich war. Am nächsten Tag war Ruhetag und deswegen verboten, das Haus zu verlassen, wenn auch um einen Leichnam zu salben. Am dritten Tag jedoch konnten die Frauen endlich mit kostbaren Ölen zum Grab Jesus' gehen.

„Wie sollen wir den Stein vom Grab schieben?", fragte eine von ihnen auf dem Weg zur Felshöhle.

„Vielleicht hilft uns wer", antwortete eine andere. „Allein schaffen wir es nicht."

Aber als die Frauen das Grab erreichten, sahen sie, dass der Stein nicht mehr davorlag. Das Grab war geöffnet. Verwundert gingen sie hinein. Aber sie fanden den Leichnam Jesus' nicht. Da erschienen ihnen zwei Engel. Die Frauen erschraken und senkten die Blicke zu Boden. Die Engel strahlten so sehr, dass sich die Frauen schützend die Hand vor die Augen halten mussten.

„Was sucht ihr Jesus in einem Grab?", fragte einer der Engel. „Jesus ist nicht hier. Er ist auferweckt worden. Erinnert euch an seine Worte. Er selbst hat vorhergesagt, dass er am dritten Tag auferstehen wird."

Plötzlich erinnerten sich die Frauen an Jesus' Worte und sie verstanden die Engel. Eine tiefe Freude erfüllte ihr Herz. Sofort eilten sie zu den Jüngern und allen Frauen, die um Jesus trauerten, um ihnen von seiner Auferstehung zu berichten. Denn auch ihre Herzen sollten sich mit Freude füllen. Aber nur ein Jünger, Petrus, glaubte den beiden Frauen. Er lief schnell zum Grab und fand es leer vor. Da staunte er und wusste: Jesus war wahrhaftig auferstanden.

Auf dem Weg nach Emmaus

(Lukas 24,13–35)

Am selben Tag machten sich zwei der Jünger auf den Weg zu einem Dorf namens Emmaus. Sie sprachen miteinander über die Ereignisse der letzten Tage: über den Tod Jesus' und darüber, dass sein Grab leer war. Und während sie miteinander redeten und überlegten, ob Jesus wirklich auferstanden war, kam ihnen ein Mann entgegen. Die beiden Jünger erkannten ihn nicht. Aber es war Jesus, der zu ihnen trat und fragte: „Worüber unterhaltet ihr euch so aufgeregt?" Da blieben sie stehen und schauten ihn traurig an. Einer von ihnen, Kleopas, antwortete ihm: „Bist du der Einzige hier in der Gegend, der nicht weiß, was geschehen ist?"

„Was denn?", wollte Jesus wissen.

„Das mit Jesus, dem Propheten", erklärte Kleopas niedergeschlagen. „Alles, was er gemacht und gesagt hatte, war mächtig und gerecht gegenüber Gott und dem Volk. Er ist zum Tod verurteilt worden und am Kreuz gestorben. Wir aber hofften, dass er der Sohn Gottes sei, der uns erlösen würde. Jetzt sind schon drei Tage seit seinem Tod vergangen."

„Einige Frauen waren heute Morgen an seinem Grab. Sie wollten den Leib mit Öl salben. Aber sie behaupteten, dass das Grab leer sei!", berichtete nun der andere Jünger. „Doch am Grab sollen Engel gewesen sein, die von Jesus' Auferstehung gewusst hätten. Einer von uns Jüngern ist dann selbst zum Grab gegangen und es war tatsächlich leer. Nur die Leichentücher waren noch da."

„Euch fällt es wirklich schwer zu glauben", sagte Jesus zu ihnen.

Als sie beim Dorf Emmaus ankamen, tat Jesus so, als wolle er weitergehen.

„Komm und übernachte doch mit uns in einer Herberge", schlug Kleopas vor. „Es wird schon dunkel und die Nacht bricht bald herein."

Also ging Jesus mit ihnen. Als sie am Tisch in der Herberge saßen, um zusammen zu Abend zu essen, nahm er das Brot und brach es. „Nehmt das Brot und esst davon", sprach er und gab es ihnen. Da öffneten sich den Jüngern die Augen und sie erkannten, wer bei ihnen saß. Doch in diesem Moment verschwand er so plötzlich, wie er erschienen war.

„Brannten nicht unsere Herzen, als er unterwegs mit uns sprach?", fragte sich Kleopas.

„Doch, mein Herz war auch voller Liebe", antwortete sein Begleiter.

Und sie brachen noch in der Nacht auf, um den anderen Jüngern zu erzählen, was sie erlebt hatten. Zurück in Jerusalem, wurden sie von den anderen Jüngern, die sich versammelt hatten, aufgeregt empfangen.

„Stellt euch vor, was passiert ist", riefen sie. „Jesus ist Petrus erschienen!"

Und auch die beiden zurückgekehrten Jünger erzählten voller Freude, dass sie Jesus beim Brotbrechen erkannt hatten.

Jesus vergibt Petrus

(Johannes 21,1–19)

Die Jünger wollten wieder zu dem See zurück, wo Jesus so oft zu ihnen und allen Menschen gesprochen hatte. Also verließen sie Jerusalem und gingen zum See Genezareth.

Eines Nachts waren die Jünger auf dem See, um zu fischen. Sie fuhren mit dem Boot hinaus, aber kein Fisch wollte sich in ihre Netze verirren. Schon in der Morgendämmerung sahen sie einen Mann am Ufer stehen.

„Habt ihr nichts zu essen gefangen?", rief er ihnen zu.

„Wir waren die ganze Nacht auf dem See, aber wir haben keinen Fang gemacht", antwortete ein Jünger.

„Werft das Netz auf der rechten Seite des Bootes aus", riet der Mann ihnen nun. „Dann werdet ihr Fische fangen."

Die Jünger taten, was der Mann ihnen sagte, und sie fingen ein ganzes Netz voller Fische. Da erkannte einer der Jünger, wer der Mann am Ufer war.

„Es ist Jesus", sagte er zu Petrus. Jetzt erkannte auch Petrus, wer zu ihnen gekommen war. Er sprang in den See und schwamm zu Jesus. Die anderen Jünger fuhren mit dem Boot ans Ufer, in dem das Netz voller Fische lag.

Als alle Jünger am Strand angelangt waren, sahen sie ein Feuer, auf dem schon Fisch und Brot lag.

„Bringt mir auch die Fische, die ihr gefangen habt", befahl Jesus. Da ging Petrus zum Boot und schleppte das Netz mit den Fischen an Land. Obwohl das Netz randvoll war, riss es nicht.

„Kommt und esst mit mir", bat Jesus. Da traten die Jünger zu ihm und plötzlich erkannten ihn alle. Jesus aber nahm das Brot und den Fisch und gab ihnen zu essen.

Als sie satt waren, sprach Jesus zu Petrus: „Petrus, liebst du mich?"

„Ja, Herr, du weißt, dass ich dich liebe", antwortete Petrus.

„Dann hüte meine Lämmer. Sorge für die Menschen, die mir folgen", sagte Jesus.

Und er fragte ein zweites Mal: „Petrus, liebst du mich?"

Da antwortete Petrus wieder: „Ja, Herr, du weißt, dass ich dich liebe."

„Dann hüte meine Schafe. Sorge für die Menschen, die an mich glauben", sprach Jesus. Und er fragte zum dritten Mal: „Petrus, liebst du mich?"

Da wurde Petrus traurig. Glaubte ihm Jesus so wenig, dass er ihn zum dritten Mal fragen musste? Aber er antwortete: „Herr, du weißt alles. Du weißt, dass ich dich liebe."

„Dann weide meine Schafe", sagte Jesus. „Sorge dich um die Menschen, die mich brauchen."

Als er diese Worte gesprochen hatte, wusste Petrus plötzlich, warum Jesus ihn drei Mal gefragt hatte. Hatte er selbst Jesus nicht drei Mal in der Nacht seiner Gefangennahme verleugnet? Jetzt gab ihm Jesus drei Mal die Möglichkeit, wieder Ja zu ihm zu sagen. Und Jesus hatte ihm nicht nur vergeben, sondern ihm eine große Aufgabe anvertraut.

Jesus erscheint allen Jüngern

(Lukas 24,36–52; Apostelgeschichte 1,7–10)

Alle Jünger, die Jesus auf seinem Weg begleitet hatten, waren kurz darauf versammelt. Da erschien Jesus in ihrer Mitte.

„Friede sei mit euch!", sagte er. Aber die Jünger erschraken, denn sie hielten ihn für einen Geist.

„Warum fürchtet ihr euch und warum zweifelt ihr in euren Herzen? Ich stehe vor euch. Fasst meine Hände und Füße an, damit ihr glaubt. Ein Geist hat kein Fleisch und auch keine Knochen", fuhr Jesus fort.

Als er dies gesagt hatte, hielt er ihnen seine Hände hin und zeigte seine Füße. Jetzt begriffen die Jünger, dass sie Grund zur Freude hatten. Sie staunten, rührten sich aber immer noch nicht, um ihn anzufassen.

„Habt ihr etwas zu essen für mich?", fragte Jesus.

Da reichte ihm einer der Jünger ein Stück gebratenen Fisch. Er nahm es und aß vor ihren Augen.

Dann zogen alle gemeinsam weit aus der Stadt Jerusalem hinaus. In der Einsamkeit hob Jesus seine Hände und segnete die Jünger.

„Ihr werdet Kraft erhalten. Der Heilige Geist wird zu euch kommen und mit ihm werde ich alle Zeit bei euch sein", sprach Jesus. „Ihr werdet über mich, meine Taten und Wunder allen Menschen berichten."

Die Jünger warfen sich vor ihm nieder und beteten. Dann stieg Jesus hinauf in den Himmel. Die Jünger aber kehrten überglücklich nach Jerusalem zurück.

Der Heilige Geist

(Apostelgeschichte 2,1–41)

Während die Jünger eines Tages zusammensaßen, um zu feiern, hörten sie plötzlich ein heftiges Brausen. Es klang wie ein starker Wind und kam immer näher. Bis das Haus, in dem die Jünger waren, von einem Sturm erfasst wurde. Mit einem Mal kam ein Feuer auf die Jünger nieder. Es teilte sich in viele rote Zungen. Jeden Einzelnen erfüllte das Feuer. Da wussten sie, dass dies der Heilige Geist war, von dem Jesus gesprochen hatte.

In Jerusalem wohnten Menschen aus der ganzen Welt und sie redeten in unterschiedlichen Sprachen. Als sie das Brausen hörten, liefen alle zusammen. Sie versammelten sich vor dem Haus der Jünger. Schließlich traten die Jünger heraus und Petrus tat einen Schritt nach vorne und sprach: „Ändert euer Leben! Lasst euch taufen und folgt Jesus Christus nach. Das wird eure Rettung sein!"

Alle vor dem Haus verstanden seine Worte, so unterschiedlich die Menschen auch waren. Obwohl sie doch ganz andere Sprachen kannten. Und viele von denen, die Petrus hörten, ließen sich noch am selben Tag taufen.

Petrus wird befreit

(Apostelgeschichte 12,1–17)

So wie Jesus wanderte jetzt Petrus durch das Land. Nun erzählte er allen Menschen vom Leben und Tod Jesus'. Zu dieser Zeit war es noch sehr gefährlich, darüber zu berichten. Petrus tat es trotzdem. Schließlich wurde er verhaftet und ins Gefängnis geworfen. Dort wurde er angekettet und von Soldaten bewacht. Die Gefangennahme von Petrus sollte andere Menschen davon abhalten, an Gott zu glauben. Es gab jedoch schon sehr viele Menschen, die zu Gott beteten und auch darum baten, dass Petrus gerettet würde.

Eines Nachts wurde die Zelle, in der Petrus eingesperrt war, von hellem Licht erleuchtet. Ein Engel trat zu Petrus. Er weckte ihn und befahl: „Steh sofort auf!"

Da fielen die Ketten von den Händen Petrus'.

„Nimm deine Kleidung und deine Sandalen und folge mir", sprach der Engel.

Petrus zog sich an und eilte dem Engel nach. Petrus wusste nicht, dass es Wirklichkeit war, die er erlebte. Er glaubte zu träumen. So schritten sie an den Wachen und am eisernen Tor zum Gefängnis vorbei und kamen zu einer Gasse. Dort verschwand der Engel bald und Petrus war wieder alleine. Aber er war sich jetzt sicher, dass alles echt war und er diese Nacht wirklich erlebte.

Er machte sich auf zu dem Haus seiner Freunde. Als er dort anklopfte, kam zunächst eine Magd zur Tür und horchte.

„Ich bin es. Petrus", sagte er und klopfte weiter. „Macht mir auf."

Als die Magd seine Stimme erkannte, lief sie rasch nach drinnen und rief: „Petrus steht vor der Tür!"

„Das kann nicht sein", gab ein Mann zurück. „Petrus ist im Gefängnis."

„Vor der Tür muss ein Engel sein", meinte eine Frau. „Wie kann Petrus aus dem Gefängnis entfliehen?"

Petrus aber klopfte immer weiter an die Tür. Und schließlich öffnete ihm die Magd und Petrus trat ins Haus. Er erzählte den Freunden, wie Gott ihn aus dem Gefängnis befreit hatte – sie konnten kaum glauben, dass er vor ihnen stand. Petrus bat sie, diese Geschichte weiterzutragen. Dann machte er sich auf und ging an einen anderen Ort.

Stephan

(Apostelgeschichte 6,8–14; 7,57–8,3)

Ein Mann namens Stephan gehörte ebenfalls zu den Jüngern, die das Wort Gottes weit über das Land verkündeten. Er war voller Kraft und sprach mit den Menschen über Jesus und seine Wunder.

Eines Tages, als er gerade predigte, stellten sich jüdische Kirchenmänner zu ihm. Sie waren beunruhigt von dem, was sie da hörten. Endlich war Jesus nicht mehr da und nun gab es einen anderen Mann, der auch Wunder wirkte und sich anmaßte, über Gott zu sprechen. Die Kirchenmänner zettelten einen Streit mit Stephan an. Aber sie hatten nicht mit seiner Klugheit gerechnet. Während sie mit ihm redeten, bemerkten sie schnell, dass er die besseren Worte fand und schlauer war als sie. Deswegen verbreiteten sie die Lüge, dass Stephan schlecht über Gott und die Gesetze gesprochen hatte. Bald darauf wurde Stephan aus der Stadt geschleppt. Vor den Toren warf man Steine nach ihm.

Auch Saulus war unter den Männern, die nach Stephan Steine warfen und ihm den Tod wünschten. Er wollte, dass alle Menschen, die an Jesus glaubten, eingesperrt würden. Saulus ließ viele Männer und Frauen festnehmen und ins Gefängnis bringen. Niemand sollte mehr über Jesus und seine Taten sprechen!

Saulus

(Apostelgeschichte 9,3–22)

Als Saulus mit einigen Begleitern auf einer Reise nach Damaskus war, umgab ihn plötzlich ein helles Licht. Saulus ließ die Zügel seines Pferdes los und hielt sich schützend die Hände vors Gesicht. Sein Pferd scheute und bäumte sich auf, Saulus fiel zu Boden. Da ertönte eine Stimme vom Himmel, die rief: „Saulus, Saulus, warum verfolgst du mich?"

„Wer bist du, Herr?", rief Saulus, der auf dem Boden kroch.

„Ich bin Jesus. Ich bin der, den du verfolgst", erklang die Stimme erneut. „Denn meine Jünger zu verfolgen, ist so, als würdest du mich verfolgen. Steh auf und geh in die Stadt. Dort warten wichtige Aufgaben auf dich."

Seine Reisegefährten standen sprachlos und erschrocken neben Saulus. Auch sie hatten die Stimme gehört. Aber es war niemand zu sehen. Langsam erhob sich Saulus vom staubigen Boden. Benommen rieb er seine Augen, bevor er sie öffnete. Doch er sah nichts. Völlige Dunkelheit umgab ihn. Er war blind. Seine Begleiter nahmen ihn an der Hand, zogen ihn hoch und setzten ihn wieder auf sein Pferd. So brachten sie ihn nach Damaskus. Dort angekommen, legte sich Saulus auf sein Lager. Er blieb noch drei Tage blind und aß und trank nichts.

In Damaskus lebte zu dieser Zeit auch der Jünger Hananias. Während Saulus krank auf seinem Lager lag, sprach Gott zu ihm: „Hananias! Hörst du mich?"

„Hier bin ich, Herr!", antwortete Hananias.

„Mach dich auf. Geh in die Straße, die man die Gerade Straße nennt, und frage nach einem Mann namens Saulus. Er wartet auf dich, damit du ihm die Hände auf sein Gesicht legst und er wieder sehen kann", befahl Gott.

„Ich habe schon von diesem Mann gehört. Er hat viel Böses getan und viele Anhänger Jesus' gefangen genommen und töten lassen", erwiderte Hananias.

„Geh und tue, wie ich es dir gesagt habe, Hananias!", sprach Gott weiter. „Denn Saulus ist mein Werkzeug. Bald wird auch er meinen Namen weitertragen und von Jesus berichten."

Da machte sich Hananias auf den Weg. Er ging in die Gerade Straße und fand das Haus von Saulus. Er trat an sein Lager und legte ihm die Hände auf.

„Saulus! Gott hat mich gesandt", sagte Hananias. „Du sollst wieder sehen können."

Und Saulus fiel seine Blindheit wie Schuppen von den Augen! Langsam stand er auf. Er konnte wieder sehen!

Von diesem Moment an glaubte auch er an Jesus und seine Worte. Er aß und trank und bekam neue Kräfte. Nachdem er wieder gesund geworden war, erzählte er von den Geschehnissen und sprach wie die Jünger allen Menschen, die er traf, über Jesus' Worte und Werke. Die Menschen wunderten sich und sagten: „Ist das nicht der Saulus, der so viele Anhänger von Jesus töten ließ?"

Aber alle, die Saulus hörten, lauschten umso gespannter seinen Worten. Denn sie wollten verstehen, was mit ihm Großes geschehen war.

Ein Mann aus Afrika wird getauft

(Apostelgeschichte 8,4 – 8,26 – 39)

Wie Saulus zog auch Philippus umher und predigte in der Stadt Samaria. Die Menschen hörten ihm gerne zu, wenn er über Jesus sprach, und sahen die Wunder, die er wirkte. In der Stadt war große Freude, wenn Philippus die Kranken heilte.

Einmal erschien ein Engel Gottes und sprach zu Philippus: „Mach dich auf und gehe zu der Straße, die nach Gaza führt. Sie ist menschenleer."

Philippus zog los und nach einer Weile traf er einen Mann, der in einem Wagen saß. Es war ein Abgeordneter der Königin aus Äthiopien, der zu Besuch in Jerusalem gewesen war. In Jerusalem hatte der Abgeordnete auch einen Tempel besucht, um zu beten. Gerade las er in einem Buch, das er in dem Tempel geschenkt bekommen hatte. Philippus ging zu ihm und fragte interessiert: „Verstehst du, was du liest?"

„Leider nicht. Ich habe niemanden, der mir die Worte erklärt", antwortete der Äthiopier. „Du siehst aus wie ein gelehrter Mann. Kannst du mir vielleicht erklären, was das alles bedeutet?"

Da stieg Philippus zu ihm in den Wagen. Er setzte sich und sie fuhren gemeinsam ein Stück des Weges.

Philippus erzählte dem Äthiopier von dem Leben Jesus'. Davon, dass Jesus Wunder vollbracht hatte und für die Menschen gestorben ist. Er erzählte auch, dass Jesus nach drei Tagen wiederauferstanden ist.

Als sie an einem Fluss vorbeikamen, sagte der Äthiopier: „Hier gibt es Wasser. Willst du mich nicht taufen, Philippus?"

Die beiden stiegen vom Wagen und Philippus taufte den Äthiopier. Dann verabschiedete sich Philippus, weil er noch in vielen anderen Orten gebraucht wurde.

Der Äthiopier war darüber jedoch nicht traurig, denn er hatte von Jesus gehört. Voller Freude zog er weiter in seine ferne Heimat.

Annette Neubauer, Jahrgang 1963, hat schon als Kind lieber spannende Fälle gelöst, als mit Puppen zu spielen. Nach ihrem Abitur wurde sie aber nicht Detektivin, sondern studierte Geschichte und Germanistik an der Universität Bonn. Den Magisterabschluss in der Tasche begab sie sich ins Berufsleben. 2000 machte sie sich mit einer pädagogischen Fachpraxis selbstständig und begann auch ihre Tätigkeit als Kinderbuchautorin. Seither hat sie zahlreiche Bücher veröffentlicht, unter anderem auch Titel zur Reihe *Tatort Forschung*. 2009 wagte sie schließlich den Sprung und lebt seither als freie Kinderbuchautorin in Köln.

Daniela Chudzinski lebt und arbeitet in Hamburg und begann bereits während des Studiums, Bücher für verschiedene Verlage zu illustrieren. Ihrem Diplom in Illustration und freier Malerei fügte sie noch einen zweiten Abschluss als Kunsthistorikerin hinzu. Zeitweise zog es sie zum Leben, Studieren und Arbeiten nach Südengland und in die USA. Heute zeigt sie mit zahlreichen illustrierten Kinder- und Jugendbüchern, der Entwicklung von Ausstellungen und Lehrtätigkeiten ihr vielseitiges Schaffen.